2020年の会計事務所の経営戦略

経営戦略

東京オリンピック後を生きる会計人

才木正之／菅　拓摩／佐藤信祐
Masayuki Saiki　　Takuma Suga　　Shinsuke Sato

中央経済社

はじめに

　リーマン・ショックから 10 年以上が経過し、景気に対する不安要素はあるものの、アベノミクス、東京オリンピックの恩恵により、かつての不況時と比べれば、景気の状況は悪くないと思われます。

　われわれの業界も人手不足の影響が強くなっていることから、数年前とは異なる環境の中でビジネスをする必要があります。また、クラウド、AIなどの影響もあり、数年後には事業環境が全く異なってしまうことが考えられます。

　2020 年には、東京オリンピックが開催されます。一般的には、オリンピック期間中には、多数の観光客が日本を訪れるため、かなりの混雑が予想されています。

　そして、オリンピック後には景気が悪化すると言われています。東京オリンピックが景気に与える影響はわかりませんが、リーマン・ショックから 10 年以上が経過したことから、次の不況に備える必要があるのかもしれません。

　本書の著者である才木正之、菅拓摩、佐藤信祐はいずれも 40 代であり、この業界では若手の世代です。しかし、たとえ予想よりも 10 年遅れたとしても、いずれは来てしまう次の不況には対応しなければならない世代でもあり、われわれの考えていることが、オリンピック後の経済変動に備えようとする同業者の方々のご参考になると考えています。そして、東京オリンピック後に活躍される 20 代、30 代の方々が、次のステップに進むために参考になる世代であるとも考えています。

なお、御堂筋税理士法人は大阪、税理士法人アップパートナーズは福岡、公認会計士佐藤信祐事務所は東京に所在しているため、それぞれが考えていることは自ずと異なってきます。東京で成功するビジネスモデルが、大阪、福岡では通用しない可能性もあります。そのため、それぞれの所在地の違いにより、事務所経営の考え方がどのように違ってくるのかという視点で本書を読んでいただくことで、異なった視点を持つことができると思います。

　本書は、東京オリンピック後に起きるであろう経済変動やITの進化により起きるであろうビジネスへの影響を踏まえたうえで、新しい時代に対応しようとする同業者の方々、これから開業を目指される若手公認会計士、税理士の方々、これからこの業界を目指される受験生の方々に向けて出版いたしました。本書が皆さまのお役に立つことができれば幸いです。

　最後になりましたが、本書を企画時から刊行まで担当してくださった中央経済社の牲川健志氏に感謝を申し上げます。

　令和元年7月

御堂筋税理士法人　**才木正之**
税理士法人アップパートナーズ　**菅　拓摩**
公認会計士佐藤信祐事務所　**佐藤信祐**

CONTENTS

鼎談〔前〕 7

2020年、会計業界に起きること 7

PART 1 私の事務所 25

御堂筋税理士法人 26

税理士法人アップパートナーズ 34

公認会計士佐藤信祐事務所 42

PART 2 事務所の経営戦略と『2020』後 51

事務所の戦略とその戦略を選んだ理由 52

最近のITの進化と事務所への影響 58

リーマン・ショック後の経済変動と事務所への影響 64

アベノミクス後の経済変動と事務所への影響 70

事務所が大きく成長した瞬間 76

オリンピックの影響をどう考えているか 82

同業他社の動向と事務所の戦略・対応 88

異業種からの参入の脅威について 94

東京から地方への参入の可能性 100

地方から東京への参入の可能性　106

他の専門分野への進出の可能性　112

同業他社で失敗しているパターンやその特徴で思うこと　118

注目している同業他社の動向　124

仕事でミスをなくすためにしていること　130

報酬の決め方　136

今後の事務所の事業展開について　142

PART 3 『2020』後も失敗しないための思考　149

士業を目指した時に思い描いていたことと現実の違い　150

どうやってコミュニケーション能力を身につけるか　156

どうやって人脈を作るか　162

どうやって仕事を取りに行くか　168

専門知識をどうやって高めるか　174

ワークライフバランスをどう考えるか　180

これからの公認会計士、税理士業界はどうなるか、その見立て　186

地方経済の今後と会計事務所の動向　192

今、18歳であれば、どうする？　25歳ならば？　198

鼎談〔後〕　204

10年後の会計事務所　204

▶▶▶ 鼎談〔前〕

2020年、会計業界に起きること

菅　拓摩

佐藤信祐(司会)

才木正之

事務所経営のおカネ

佐藤　才木先生、菅先生、本日はよろしくお願いします。早速ですが、先生方の自己紹介からお願いします。

菅　税理士法人アップパートナーズの菅拓摩と申します。佐藤先生、才木先生、本日はよろしくお願いいたします。

　最初、私は税理士になるつもりはあまりなかったのですが、父親が九州で税理士をやっていまして、父親から税理士になることを勧められました。

　おそらく、自分に税理士になれるくらいの学力はあると思ったのでしょうね。父親とは関西の関西学院大学に入る前から離れて暮らしていたので、全然縁もない状態だったのですが、大学生になった頃に急に父親から連絡があったのです。

　紆余曲折を経て、税理士になることができたのですが、税理士として

は、「父親の事務所で2年間働いて税理士業界のことを知って、その後に別の事務所で2～3か所働いて修行して、北九州で開業するか」ということを考えていました。

　ところが、最初に父親の事務所にいたときに、父親が急に他界しました。そのとき事務所にはスタッフが50名ほどいまして、私が会社を引き継ぐ以外に道はなく、なし崩し的に父親の事務所を引き継ぐことになり、今に至っています。

才木　御堂筋税理士法人の才木正之と申します。本日はよろしくお願いいたします。

　実は私は、事業承継で現在の事務所の代表となりました。現在の事務所の前身である税理士法人小笠原士郎事務所に大卒で入所し、そこからこの事務所一筋で、現在に至っています。

　現在、事務所のスタッフは25名です。事務所の特色としては、税務、会計の一般的な会計事務所業務に加えて、コンサルティングに力を入れていることがあります。

　これは、創業者の小笠原士郎の願いであり、この想いを引き継いで事務所経営を行っています。

　その他の事務所の特徴としては、事務所の生産性が高いと考えています。一般の会計事務所の1人当たりの生産性は、800万円くらいと言われていますが、われわれの事務所では、1人当たりの売上は、その倍以上の1,700～1,800万円となっています。

菅　「1人当たり」と数えるとき、総務の人間は……。

才木　1人としてカウントします。

菅　総務の人数も入れて1,800万円ですか。それはすごいですね。

才木　そもそもうちは間接人員が2.5人と少ないんです。事務所で、総務、経理の人間が2人、あと1人がセミナーのサポート業務をするパートタイマーで0.5人という換算です。

　残りは、全員、プロフィットセンターというか、売上を持つメンバー

です。

佐藤 独立して1人で仕事をしている会計士が、とりあえず憂いなく生活していける売上の最低ラインは、経費諸々が年に500万円位は出るでしょうから、それを考慮して大体1,500万円くらいでしょうか。そうすると売上が1人当たり1,800万円というのはよい状態ですね。

　ちなみに自分が独立したときのチャージレートは2万円でしたが、そのときは1日10万円稼げればいいかなというイメージでした。でも、売上が「1日10万円」というのは冷静に考えると少ないんですよ。

　お客さんにフルチャージできる日数はせいぜい150日くらいで、そうすると年間の売上が1,500万円ほどになり、「1日10万円」では少ないように思います。「1日10万稼ぐ」というのが良いようなイメージがまかり通っていますが、本当はもっと稼がないといけない。

才木 私たちの事務所も、マネジャー層では時間チャージ最低2万5,000円が目標です。一般社員でも1万2,500円を目標にしています。

　佐藤先生がおっしゃるとおり、時間当たりチャージの概念をしっかりと会計事務所の経営指標に入れて、生産性を高めていきたいとは思っています。

佐藤 現在の私のタイムチャージは10万円にしています。はっきり言って自分の所は、単発の相談も多いので、2年前くらいに「1回当たり10万円」としたのですが、なんやかんや2時間近くかかることもあったので、最近、「1回当たり15万円」に変えました。

　実際に、1時間10万円で、「ここだけ聞きたい」という案件は少なくて、例えば「4,000万円の繰越欠損金があるけど、どうすればよいか」といったお話も多いからです。

　なお、継続するお客様になると、億単位の利益、やはり2～3億円以上の利益があって法人税、住民税、事業税の税金が1億円以上はある方が顧客層になっています。

菅 うちはグループ全体で2,400社くらいのお客様がいますが、その中で

２〜３億円の利益があるところは30社あるかないかくらいです。

　１億円の利益は、割とはずみで行ってしまう企業はありますが、２〜３億円の利益をコンスタントに出される企業はなかなかないです。

　何かしら確固たる技術や基盤のあるような会社ですとまた違うのかもしれませんが……。

才木　あるいはシェアが高い、とかですかね。

佐藤　ちなみに、「１時間10万円」といっても、こちらの不手際で、「いつもだったら30分で終わるものを３時間かかってしまった」とか、「自分が知らないことがあって調べていたら３時間かかってしまいました」ということに対して、３時間請求できるかというとそれはできません。

　「１時間10万円」とチャージレートを設定した時点で、「知らないから時間がかかりました」というのは言い訳にしかなりません。これが「１時間２万円」なら、おそらく調べている時間も請求できる（笑）。

　ですから、今のタイムチャージに設定した以上は、「年間1,000時間チャージできるか？」と聞かれたら、それは絶対に無理だという答えになります。

才木　今の議論は非常に重要だと思います。今まで培ってきたものに対してチャージレートがあるのであって、知らないことは佐藤先生でももちろんあって、それを調べるということはタイムチャージに乗らないということですね。

　われわれの事務所も菅先生の事務所も多くのスタッフがいます。教育という視点で言うと、彼らが学習していく時間が、労働時間内でものすごく少なくなってきたように思っていて、これをどう考えるべきか気になっています。

佐藤　これは勉強しなくてよい、マニュアルに沿って仕事をすればよい人たちと、付加価値を出す人の２つに分けるしかないのではないでしょうか。

　自分の知っているある一般企業の話ですが、年収600万円以下の人と

それ以上の人に分けて、年収600万円以下の人たちにはノルマを課さないと言っていました。

600万円以下の人たちは、労働時間内に決められたことを決められたとおりに仕事をすればよくて、プレッシャーも与えないし、ノルマも課さないのだそうです。

一方、年収で800万円とか1,200万円といった人たちに関しては、当然ノルマもプレッシャーもあります。「総合職A」と「総合職B」とに完全に分けているのです。

才木 なるほど。

菅 会計事務所でいうと、いわゆる決算関係の仕事で、最低限の知識でもって、1日8時間の労働でできる仕事をする人と、そうではなくて24時間使ってしっかり技術を磨いてほしい人に分けるイメージでしょうか。

佐藤 そうした分け方が、年収でいうと600万円のところに区切りがあるらしいのです。それが正しいかどうかはわかりませんが……。

菅 絶妙だと思いますよ。とても興味深いお話です。

うちの事務所でアンケートを取ったのですが、年収600万円以上の人は給与に大いに満足しているとの回答が多かったです。福岡では年収が500〜600万円くらいあると給与が高いと感じる人が多いようです。

逆に言うと、年収が600万円を超えると負荷をかけても頑張るということです。600万円を超えたくらいの人は、まあまあやる気がある人たちで、それ以下の人たちは、それほど必死で頑張る気はないのかもしれません。

ただ、うちは売上の約40％を本人にバックしますので、「担当者の売上が1,200万円までは事務所の責任で何とかしてやろう」というふうに思っています。

佐藤 すると1,200×40％＝480で、年収約500万円ですか。

菅 そこまでは誰でも行けるようにしてあげたいです。

でも、これはそんなに難しくないと思います。会計・税務の知識が全く

ない子がうちの事務所に入って、そこから税法の勉強を始めても、4年くらい経つと年収500万円位は行きます。

　では、その子が売上2,000万円、年収800万円に行くかというとそれは話が別です。800万円クラスになるには、どうしても難しい仕事を担当しないといけないからです。800万円クラスになるには、土日にダブルスクールに通うとか、自分の時間を使って佐藤先生や才木先生のセミナーに行くとか、そうした自己研鑽が必要になります（笑）。

才木　それにしても「600万円」というのはよい数字ですね。

菅　年収600万円というのはうちの事務所でいうと主任クラスです。そこまでは努力したら行けるけれども、「それ以上になろうと思ったらもっと頑張ってね」という感じです。

才木　うちの人事制度では、プロフェッション1（新人クラス）を普通は3年で卒業し、次のプロフェッション2から年俸制となります。そのときの年収が600万円です。

　プロフェッション1が年収400〜450万円くらいですから、これを卒業したら急に年収が150万円上がることになります。プロフェッション2は、やる気が出てきてどんどん学習していくというゾーンになっています。

佐藤　会計士的に言うと、監査法人のスタッフだと、年収480万円くらいがスタートで、5年目でシニアスタッフになると年収640万円くらいになります。

　残業代は別途つきますから、残業をつければ480万円の人は600万円近くになる。大手ビッグ4（EY、KPMG、デロイト トーマツ、PwC）の税理士法人は、監査法人と報酬体系がそんなに変わらないはずです。なので、年収600万円というのは大手税理士法人ではスタッフのイメージです。

　今、監査法人を3〜4年で辞める人は結構増えていて、そうするとスタッフ止まりということです。辞めた人たちは、一般企業の経理に行っ

たりします。監査法人ではスタッフクラスですから、転職しておそらく給料アップしているのでしょうが、それでもほとんどの人は、年収600万円くらいではないでしょうか。

菅 会計士は、日本の会計の資格の中では最難関とされる資格ではないですか。その会計士がある程度頑張っても年収600万円と聞くと、ますます成り手がいなくなりそうです。

現在でも、税理士は志望者が前年比2割減とかいわれていますし……。

佐藤 そうですね。若い人はどんどん逃げ出していますね。ただ、私の感覚なのですが、年収2,000万円を超えている会計士は逆に増えている気がします。「二極化」ですね。

菅 中間層がいなくなっているということですか。

目指す人が減っているのは残念ですが、稼いでいる人たちが増えているというのはよいことです。そうでないと会計業界に新たに入って来る人たちがいなくなってしまいますから。

佐藤 ええ。ただ、本当に年収800〜1,500万円くらいの人たちは相当減っていると思いますよ。

そういう意味で、コンサル的な仕事はチャージレートも高くなっていくと思います。できる専門家の数が絶対に減りますので。

ゆとり教育や働き方改革の影響もあって、「一生懸命頑張るのは損だ」というイメージもあるではないですか。

そうなると、頑張る人と頑張らない人の格差が広がるし、二極化は避けられないと思います。

ITの進化が公認会計士、税理士業界に与える影響

佐藤 ところで、先ほどタイムチャージの話をしましたが、現在自分のタイムチャージを10万円としたことで考えなければならないことが出てきました。

それは、地方のお客様から「来てほしい」と言われたときのタイムチャージです。「来てほしい」というお客様のところには行かざるを得ませんが、往復の移動時間を入れると5時間を超えることもあります。

　しかし，移動時間を全部チャージして50万円請求するというわけにもいきません。それで地方のお客様で来てほしい場合は30万円としました。そうして、値ごろ感を出したりしています。

菅　佐藤先生のご専門の組織再編分野の業務も現地に行かなければいけないのですね。

佐藤　地方のお客様に、「私の事務所に来てください」といっても、移動時間もかかるし、人数分の交通費もかかりますからね。お客様のほうで3人、4人、5人と来られる方がいらっしゃると、逆に来てほしいという話は結構あります。

　メールの質問にも対応していますが、社長さんクラスになると、やはり会って話したいという人がたくさんいますしね。

才木　2020年以降の話でいうと、情報のやりとりが4Gから5Gの世界になると、遠隔地とのテレビ会議などの精度が大きく向上して、時差の問題もなくなり、遠隔地にいても会っているのと変わらない会議や打合せが実現されそうです。

　それでも、「会う」という話はやはり変わらなさそうですか？

佐藤　変わらないと思います。ファーストコンタクトはそうですし、節目節目で会うことになります。

　特にコンサルの仕事になればなるほど、「会う」という話になると思います。

才木　一方で、一般の会計事務所が仕事の中心としている通常の税務顧問は、おそらく会わなくなっていくかもしれません。

佐藤　申告業務や記帳業務などは、お客様に会う必要は全くなくなっていきそうですか？

才木　そう思います。そこが大きく変わっていくのだろうなと。

菅 今も会わなくなっていますね。私はいわゆる巡回監査の事務所に勤めたことがないのでくわしいことはわかりませんが、そうした事務所のスタッフの方が、「社長とはあまり話したことがない」とおっしゃっているのを知っています。

そういう意味では、現状の巡回監査でお客様の会社にうかがうといっても、経理の人間、経理の責任者の方が仕事の相手で、その上の本当の契約者とは会っていない現状では、会計事務所でクラウド上の情報を基に仕事をしても、現場に行って仕事をしても、ほとんど変わらないのかもしれません。

佐藤 そうですね。経営分析といいますか、「売上がこれくらい上がって、このような状況となっている」「経費率がこうで、ここは削れる余地があります」ということくらいだと、メールのやりとりで済みそうです。

ただ、おそらく社長さんの相談はもっと高い次元のところにあります。

才木 おっしゃるとおりだと思います。

菅 現代ならではのできごとかなと思うのが、既存の会計事務所の先生がいる会社から弊社に入力代行のご依頼がきたことがありました。

この会社は支店がたくさんあって、クラウド上でタイムリーに計数管理したいということだったのですが、膨大な仕訳があって顧問税理士ではできません。システムを組むとこうした問題は解消できるので、うちのような SE（システム・エンジニア）がいるところに依頼がきたのです。

顧問税理士がいらっしゃるのですが、その会社の会計はうちがシステムを組んで管理し、そこから先の責任は全部顧問税理士の先生がみるという不思議な状況が出てきています。

佐藤 お客様も賢くなっていると思います。ちなみにその会社の利益はどれくらいありますか。

菅 1億円くらいです。

佐藤 やはり。利益が億に行かないと、そういう発想は出てこないでしょ

う。

菅 それから最近の IT の話題では、われわれ会計事務所の業界も、町の税理士さんとベンダーが生き残っていけるのかという話にもどうしてもなりがちですね。

佐藤 ベンダーですか？

菅 例えば、TKC とかミロクとかですね。

佐藤 そうしたベンダーが提供するクラウドが良い商品だと、記帳とか申告の業務の報酬はすごい勢いで下がってくる、そういう話ですか。

極端な話、自分で申告書が作れてしまうわけですから。もちろん、会計事務所に頼むと、きちんと作ってくれますが、そのときの会計事務所の報酬はこんなに高くなくてもよいのではないか、そういう話になってしまいそうです。

菅 あと IT による会計事務所への影響ということで、うちの事務所に少しだけアドバンテージがあると思っていることがあります。

佐藤 何でしょうか？

菅 今、業務の効率化について提案できる税理士はあまりいません。

佐藤 そうですね。そういう発想もないかもしれません。

菅 例えば、人がいない、経理部長がいない、データ入力する人もいない、という企業があったときに、それを何とかするための IT 的なソリューションを持っている会計事務所はかなり需要があり、多くの仕事を受注することができます。

だから、もし若手の税理士にアドバイスするのだったら、会計業務のIT ソリューションの分野に強くなれば、少なくともあと 10 年くらいはやっていける、そのように思っています。

佐藤 この分野の需要が高い理由は……。

菅 おそらく、ベンダーがこれまで作ったシステムを今さら分解してシンプルな RPA（Robotic Process Automation）連動のソフトにすることができないからだと思います。

16

本当はお客様のニーズに合わせて変えていかないとダメなのですが、今さらそれはしづらいのですね。
　でも、そのベンダーに「おんぶに抱っこ」になっている税理士は、そのベンダーと一緒に沈む可能性があると思います。お客様のニーズを無視して自分たちのシステムを押しつけることになりますので。
佐藤　そうでしょうね。
菅　今までは予算対比と決算予測の資料を作っていれば、まあまあ他の事務所と差別化ができていました。他の事務所がやっていなかったので。
　ただ、それもITの進化によってあと5年くらいすると当たり前になって、できないところは淘汰されてしまうでしょう。
　もっと踏み込んだアドバイスができる事務所とできない事務所とに、ここでも「二極化」が進むのでしょうね。

　オリンピック後の経済状況の変化と会計業界　

佐藤　直近の今後の話題としては、2020年の東京オリンピックもあります。
　オリンピックが会計業界に何か影響を与えるのかというと、日本はこれだけ成熟した国ですし、私は正直、何も影響はないと思っています。
　ただ、オリンピックの後に景気が悪くなると言われていますよね。私も、リーマン・ショックからそろそろ10年になるので、オリンピックとは関係なく、2020年は景気が悪くなるのではないかと思っています。そういう意味では、オリンピックが原因ということではないにしろ、「オリンピック後に経済不況が来たときに、事務所の所長としてどのような心構えと方針でいたらよいのか」ということは考えています。お二人はいかがでしょうか？
菅　地方でも、オリンピックの話になりますが、2回目の東京オリンピックが決まったころ（2013年）の印象は、私は景気が良くなったという方

向で影響があったように思います。

　というのも、当時金融円滑化法の効果で倒産が激減したのと、東日本大震災で建設関連の小規模業者さんのチャージレートが急激に上がって、明らかに黒字の建設会社が増えました。

　地方に行けば行くほど、建設関連の企業は多いですが、それまで資金繰りの話ばかりしていた会社が、今はどちらかというと節税対策とか株価対策の話をしています。それに輪をかけたのが相続税法の改正（2015年）ですね。

　相続税増税で、「アパートを建てましょう」とか「マンションを建てましょう」といった提案が私の周囲でも増えました。表面利回りで、以前の福岡では大体10％、古い中古だと12〜13％でないと売れなかったのが、最近では中古でも7％で十分買い手がつきます。

　ただ、これが一気に逆回転することもひょっとしたらあるのかなという気もします。

佐藤　不動産は、すでに少し下がり始めていますね。リーマン・ショックの時もそうでしたから、間違いなく逆回転しますよ。

　地方もリーマン・ショックの影響は大きかったですか？

菅　サービス業は、正直それほど変わらなかったように思います。

佐藤　中国からのインバウンドも多いので、サービス業はそんなに影響がなかったのかな。

　中国や韓国の人たちは、「東京に行かなくても、福岡で日本を味わえる」ということがわかったみたいですね（笑）。

菅　そうですね。一部の地域では中国からの観光客ばかりというところもあります。

才木　大阪もそうですよ。大阪のミナミに行くと、ほぼ中国の方と韓国の方です。

　関西は京都もありますし、見どころ満載でインバウンドの影響を強く感じますね。

18

菅 ところで、私が経済的なインパクトで最近のできごとで思い出すのは、やはり2016年の熊本の地震のことです。

　このときは、熊本のお客様から顧問料は取れないだろうという話になりました。

　金額はすぐに1,000万円単位になりました。これがすべてストレートに利益の逸失ということではありませんが、その時ふと思ったのは、「こうしたケースに対応した保険はないのかなあ」ということです。

　保険はなかったですし、結局、ただ耐えるしかないのだなという、当たり前のことに今さら気づきました。

才木 地政学的な変化によるリスクと言えるとすれば、「所得補償」になるのかな。

菅 一方で、耐えるだけでなく、景気が悪い逆境だからこそ、これまでと違ったビジネスを考えられることもあるでしょうか。

佐藤 それはあると思います。

　例えば、20～40代前半の若い世代で年収2,000万円を超える人たちは増えているので、そうした若い層向けの富裕層ビジネスに手を出したいという話もよく聞きます。景気が悪くなっても、若手富裕層の数は、それなりに増えていく可能性があるからです。

　年収2,000万円を超えた50～60代の方の富裕層ビジネスはすでに確立されていますが、20～40代前半向けの富裕層ビジネスはほとんど確立していないので、伸びる余地は相当あります。

菅 20～40代はお金をまだまだ使う層ですしね。

佐藤 しかも、「子供のため」とか「老後のため」とかではない「自分のため」です。

　自分は今42歳ですが、確かに実感するのは、自分より下の世代は、所有欲があまりない人が多いということです。

　今の50～60代の方々がまず買ったのは、電化製品、車、そして家でしょうが、今の若い富裕層にはそういったものに対する所有欲がない。な

ので、そうした新しい富裕層向けのサービス業がすごく増えるのではないでしょうか。

才木 「若手富裕層向け」というのはすばらしい切り口だと思います。

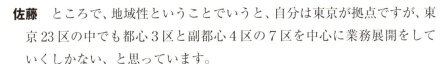
地域性による公認会計士、税理士業界の違い

佐藤 ところで、地域性ということでいうと、自分は東京が拠点ですが、東京23区の中でも都心3区と副都心4区の7区を中心に業務展開をしていくしかない、と思っています。

住宅圏ならともかく、商業圏としては、この7区は別格です。お二人はご自身の事務所の拠点の地域性についてどのように思われていますか？

菅 うちは東京にも少しだけお客様がいますが、当たり前のことですが、東京にも街の税理士はいるのだなということを思ったことがあります。

これは「地域性」というよりも、「縦のつながり」ということかもしれませんが、佐藤先生の組織再編のように、この分野ではこの方には絶対に敵わない、という部分はあるではないですか。

おそらく、東京の街の税理士でも、われわれのような地方の税理士でも、仕事の内容によっては地域性を超えてそうした方との連携はすごく大事だと思います。

また、ITの発達によって、もっとこうした連携は容易になってくるでしょうが、そのときも変なプライドが邪魔して連携ができないようなことにはなりたくないなとも思います。

佐藤 大阪、福岡、名古屋などの大きな会社は、意外と東京の人と仕事をすることに違和感はないでしょうし、東京の税理士と地元の税理士を地方の会社が使い分けるという時代は絶対に来るでしょうね。

菅 確かに福岡の企業でかなりの規模になっていて、東京と全くつながりがない企業は想像しにくいです。

才木 そうですね。どこに本社があろうが、情報は東京に集まっていますからね。東京とのつながりを全く求めない会社はないでしょうね。

佐藤 会計、税務に関する情報も東京に集まっているので、東京のその分野のスペシャリストに聞きたいというニーズは、地方でも一定数あるということはすごく感じますね。

菅 われわれの世代は、わからないことは聞いたほうが早いというか、すぐに聞くことができますしね。

佐藤 その辺は割り切れますからね。

　　自分は会計事務所の顧問をいくつかやっていますが、東京の大きな事務所で、40代とか30代の方が、「顧問をやってほしい」とか「社内研修の講師をやってほしい」と私を推してくれても、トップの60代の所長にその話が潰されたというのを聞きました（笑）。トップが50代前半ぐらいだと、そんなことは全くないのですが……。

　　世代交代が進めば、この業界も変わりますかね。

才木 変わるでしょう。

佐藤 ちなみに、私が、もし福岡や大阪で開業するなら、組織再編はやらないですね。その地域でナンバー1を目指せるような別のコンサルを探します。

菅 果たして九州にどれだけの価値があるのか（笑）。九州にも資産税を専門とする税理士はいますが、それだけではなかなかやっていけないようです。

佐藤 では、その方も法人税とかの申告業務をされているのですか？

菅 はい。法人税の申告もやっていますし、どちらかというと相続税の申告をやっています。

　　単価を聞くと、相続税の仕事は1件当たり50万円くらいとのことでした。安い値段になるのは当然で、税理士が顧問となっているような企業のオーナーの相続となると、ほとんどの場合、その顧問税理士がやりますよね。

21

ですから、その相続税を専門とする税理士が受ける相続税申告は、そうした企業オーナーではない、一般の個人の方々の申告がメインとのことです。

佐藤 相続専門の事務所は、いわゆる事業承継対策（株の対策）と、土地の２種類ありますが、株のほうだと当然顧問税理士がいますからね。土地のほうも、純資産が10億円あるようなとんでもない資産家でないと、かなり報酬は安いという話はよく聞きます。

才木 そこが本当のチャージをいただけるラインなんですね。

公認会計士、税理士業界の今後の方向性

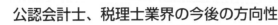

菅 会計業界に限らず、どの業界でもそうかもしれませんが、最初はみんな規模を争って、そのうちだんだん成熟してくると多様性が生まれてくるではないですか。

私よりも佐藤先生のほうが特に強く思われていることかと思いますが、会計業界も今後さらにいろいろな専門の先生が生まれてくるように思います。

そういう意味では、会計業界はITの進化や税制の改正などで、この15年間くらいでずいぶんおもしろい業界になりました。

佐藤 そうですね。私も自分の専門ではないところは、お金を払って専門家に質問しています（笑）。

才木 カーシェアリングに代表されるように、シェアリングサービスがこれからますます普及していきますよね。

会計事務所のような専門サービスを提供する業種も、そうしたシェアリングサービスを当たり前に行っていくようにもなるでしょうね。

佐藤 確かに。顧問をしている会計事務所から事業承継の案件を依頼されたのですが、その時は「事業承継専門の人を紹介してほしい」ということで、私と事業承継専門の税理士がタッグを組んで、その会計事務所をサ

ポートしました。

菅 うちもそういった経験があります。地元で売上200億円クラス、利益で5億円くらいの企業なのですが、当然その企業には顧問税理士の先生がいらっしゃいます。

ただ、その中で事業承継が問題となって、そのスキームの策定をうちが頼まれたのです。

責任が重いなと思いましたが、できないとは言えないので、引き受けました。しかし、弊社の考えたスキームで本当に大丈夫なのかという確証が持てませんでした。

それで、東京のつむぎコンサルティングさんに「これで行けますかね？」とお聞きしたところ、答えは「ダメではないけど、厳密に言えばリスクがいくらかある」とご指摘いただきました。

才木 危なかったですね（笑）。

菅 今考えるとすごく良い経験をしました。東京のすばらしい専門家の先生方といかに緊密なコネクションを持てるか、地方の事務所は、今後、そういう窓口的な総合医みたいなところが求められるのではないでしょうか。

そういう意味では、東京の専門特化した先生方と共存できれば万全なのではないかと思っています。

▶204ページにつづく。

23

PART 1

私の事務所

1 御堂筋税理士法人

代表 才木 正之（さいき まさゆき）

　1994年大阪府立大学経済学部経済学科卒業、税理士小笠原士郎事務所（現御堂筋税理士法人）に入所、2006年株式会社組織デザイン研究所（御堂筋税理士法人グループコンサルティング会社）取締役就任、13年税理士登録と同時に御堂筋税理士法人代表社員就任。
　14年第1回会計事務所甲子園全国大会にて準優勝。
　17年3月御堂筋税理法人代表社員CEOに就任。19年日本次世代企業普及機構ホワイト財団のホワイト企業認定を受ける。

業務内容 >>>

経営理念「私たちは、お客様とともに、お客様の問題解決を通じ、お客様の成長発展に貢献します」を掲げ、永続企業サポートを使命として、従来の会計事務所の領域を超えて、下記の業務を行っている。

▷税務会計サポート業務
▷経営コンサルティング業務
▷M＆A、事業承継コンサルティング業務
▷個人資産税サポート業務
▷人事コンサルティング業務
▷IT コンサルティング業務

事務所の方針 >>>

① 顧客のメインターゲットを売上高3億～100億円企業に定め、その企業とともに、問題解決を行うことをミッションとしている。お客様が成長することで雇用が増え、業績も向上し、納税額が増加し、間接的に社会貢献できることと信じている。

② 従前の会計税務中心の会計事務所の業務領域を超えて、お客様の問題解決領域に、積極的にチャレンジする組織である。自社で問題解決できない問題については、それぞれの領域の専門家ネットワークを築き、問題解決を行う。

③ 自社組織成長については、規模を追い求めるのではなく、メンバーの物心両面の幸福を追求することをミッションにしている。「物」の一例としては給与であり、32歳で年収1,000万円を実現している。「心」の一例は、仕事の達成感、チャレンジ欲求がある状態を指す。物心両面の幸福を徹底的に追求する組織である。

創業から現在に至るまで >>>

▶創業者小笠原士郎事務所時代

　御堂筋税理士法人の前身である税理士小笠原士郎事務所は、1991年6月に創業した。創業当初から、小笠原は一倉定先生の書籍を購入し、経営計画中心の経営を会計事務所経営に導入していた。

　そのような事務所経営がなされている小笠原事務所に94年4月、私は大学新卒社員として入所した。現在もそうであるが、当時から記帳代行業務は、いずれなくなるという小笠原の方針の下、自計化しているお客様への訪問業務がメインで、月次訪問そして決算業務、年末調整、確定申告という一般的な会計事務所業務を行っていた。

　小笠原は、「中小企業の経営者は、一人で孤独。だから、私たちがサポート役になって一緒に問題解決しなければいけないんだ」と、いつも私に聞かせていた。

　私自身、30歳前後からは徐々にコンサルティング業務の割合が増えていったように記憶している。事務所自体の経営は、97年までは小笠原の人脈の広がりで順調に売上拡大していったが、そのあと2007年までの10年間、売上は9,000万円から1億1,000万円をいったりきたりしていた。

▶成長を決意した2006年

　2006年のことだった。毎年秋に行っている次年度の経営計画立案のための合宿で、小笠原が「やはり、私たちが成功しないとお客様には説得力がない！」と言い出した。

　実際、経営計画を実践し、お客様にも推奨してきたが、私たちの組織自体が成長していないという現実。これでは、自信を持ってお客様に「経営計画を立案して、会社を良くしましょうよ！」といったところで、説得力がない。そのとおりだった。そこから、本気の成長戦略が始まった。

当時は、がむしゃらに仮説と検証を繰り返していたが、今思うと、大きく次の2つの戦略があったと思われる。

1つは、コミュニケーション力の強化。

もう1つは、ドラッカー理論の展開。

▶体験による「気づき」の重要性

コミュニケーション力強化については、本山雅英（現在は、当グループのコンサルティング会社である株式会社組織デザイン研究所の役員）に教えを請い、コーチング研修とファシリテーション研修を実施していただいた。

コーチングは、1対1のコミュニケーションスキルであり、ファシリテーションは、1対多数のコミュニケーションスキルである。

コーチングスキルを全スタッフが学ぶことにより、経理担当者、経理部長、そして経営者との会話がより深くなり、顕在ニーズだけでなく潜在ニーズまで共有できるようになることで信頼関係が深まり、新たなサービス提案も受け入れてくださるようになっていった。

ファシリテーションスキルの向上については、以前から行っていたサービスである経営会議において、受講前までは小笠原からのOJTと書籍での学習による実践だったため、体系立ったプログラム構造としてのサービス提供ができていなかったが、これらを体系的なものに改善することができた。

有意義な発見もあった。コーチングスキルやファシリテーションスキルのようなコミュニケーションスキルは、税務・会計スキルと違って体験学習が必要だとこの時に実感したのだ。

税務・会計スキルは知識学習がメインであるため、立法趣旨や判例を読み込み、理論構成を組み立てることは、自分自身で実践できる。

一方、コミュニケーションスキルは、いくら自分自身で想定しても、相手があって成立することなので、実際にやってみての気づきがとても重要

である。そのスペシャリストの本山から、直々に指導いただけたことは、弊社の成長に大きく寄与したと感じている。

▶「顧客の創造」のために

もう1つの戦略は、ドラッカー理論の展開だ。ドラッカーは企業の目的は、顧客の創造であると喝破している。したがって企業はただ2つだけの起業家的な機能を持つ。それがマーケティングとイノベーションである。そのことに真剣に取り組み始めたのも、この2006年であった。

マーケティングとは、「ターゲットのお客様に選ばれる仕組みづくりである」と弊社では定義している。お客様を真剣に考え、ターゲットのお客様は売上3億から100億円の企業であると定義づけた。ターゲットから選ばれる仕組みについては、「セミナー活動」と「紹介推進」とした。

現在、弊社では、メガバンクや地銀シンクタンクでセミナー講師として登壇しているスタッフが8名在籍している。セミナー講師のメリットは、そのテーマについて強制的に勉強できるということ。そして、セミナーで出会えた方々とのご縁ができることだ。

例えば今年に入ってコンサルティングのご契約をいただいたお客様の中には、10年以上前の弊社のセミナーにご参加いただき、その後SNSでお互いの情報を共有させていただく中で、今回ご契約に至ったお客様もいらっしゃる。このようにセミナー活動は、今すぐ顧客を獲得するのではなく、長い関係性を構築する重要な活動だと認識している。

一方の「紹介推進」は、会計事務所の営業活動の王道といえるだろう。これについても、ただ、「紹介してください」とお願いするのではなく、業種特化を推進したうえで、例えば「建築リフォーム会社の経営にくわしい会計事務所に出会いたいという社長を紹介してください」という具体的な紹介ワードを繰り出すという戦術も実践した。このようにマーケティング戦略をドラッカー理論をベースに、地道に展開したことにより、ターゲット企業とのご縁をいただけるようになる。

次に、イノベーション。会計・税務サービスは、税法改正という法改正による変化は必然的にあるものの、サービスそのもののイノベーションについては、真剣に取り組んでいなかった。

例えば、月次報告の資料のイノベーションは行っているのか？　決算報告のフォーマットはイノベーションできているのか？　経営計画策定のフォーマットはイノベーションできているのか？　そもそも、お客様に対する新サービスを創出できているのか？　という問いに答えることができていなかった。

この時からイノベーションというキーワードを大切にし、チャレンジし続けた結果、現在の経営コンサルティングサービス、人事コンサルティングサービス、M&A・事業承継サービス、IT ソリューションサービスが誕生している。

▶2013 年から現在に至るまで

2013 年の税理士資格取得と同時に御堂筋税理士法人代表社員に就任し、その時に、ファウンダー小笠原から正式に御堂筋税理士法人の後継者指名を受ける。

われわれは一般的な表現の事業承継を、「財産承継」と「経営承継」に分けて議論している。佐藤信祐先生のご専門領域の事業承継は、私たちの定義では、財産承継であり、各法律範囲を網羅し、最適な方法をユーザーに提案することと認識している。

一方、経営承継は、経営そのものの承継を意味する。私は、小笠原との血縁関係はなく、いわゆる同族外承継である。経営コンサルタントの小笠原の経営承継の方針は、60 歳で後継者指名を行い、65 歳までの 5 年間で経営権を徐々に委譲し、後継者に指導するということである。

この考え方は、ジャック・ウェルチ元 GE 会長のコーチであった、マーシャル・ゴールドスミスの方針に由来している。その教えに基づき、毎月月初に小笠原に 90 分間のコーチングをしてもらい、事業についての考え方

やこれからの事務所の戦略についての検討を行った。

権限委譲については、経営三大権といわれる、①事業決定権、②人事決定権、③資金決定権の3つの権利について、検討・委譲を進めていった。

①事業決定権は、前述したマーケティングとイノベーションにまつわる戦略である。

②人事決定権については、現組織の問題点の共有や、未来構想についてのディスカッションを行った。特に、採用については、私たちのような小規模事務所は苦戦を強いられる。今までは、新卒採用にこだわってきた採用戦略を方針転換し、中途採用も積極的に行う等の意思決定も行った。

最後に、③資金決定権については、特段問題はなかった。現時点では、弊社は設備投資案件もなく、一般企業のような問題はなく委譲できた。

そして、17年1月から私は御堂筋税理士法人代表社員CEOに就任した。就任時に全スタッフに伝えた言葉は、「私は代表に就任しましたが、ファウンダーの小笠原が作成した経営理念を踏襲して、組織運営を行いたい」だった。

13年の経営理念は、「私たちは、財務の知識を基に、経営者の良き補完者として、経営の成長発展に貢献します」という理念だったが、14年に現行の「私たちは、お客様とともに、お客様の問題解決を通じ、お客様の成長発展に貢献します」に変更した。

ご理解いただけると思うが、違いは、「財務の知識を基に」というサービス領域の制限を外したということだ。財務の枠にとらわれず、あらゆる問題解決までサポートするという宣言である。企業経営者の相談相手No.1は、税理士と会計士である。

▶会計事務所はなくならない

　私たちのターゲット企業は、会計事務所がよろず相談所になることができれば、唯一無二のパートナーになれると信じている。テクノロジーを原動力とする変化によって、会計事務所の存在が危ぶまれているが、そんなことは全くないと大きな声で言いたい。

　企業経営者がロボットにならない限り、会計事務所は、企業の唯一無二の相談相手になれるはずなのである。

2　税理士法人アップパートナーズ

代表　菅 拓摩（すが たくま）

　1997年関西学院大学社会学部卒業。

　2001年立命館大学大学院経営学研究科修了。

　大学院卒業とともに、父が経営する菅村 勉 税理士事務所（佐賀県伊万里市）に入社。4月2日入社後、4月18日に所長である父が他界し、事業承継により事務所を引き継ぐ。

　03年税理士資格取得。

　06年税理士法人化、福岡オフィス設立

　08年事務所合併により税理士法人アップパートナーズ設立、代表社員税理士（共同代表）に就任。

業務内容 >>>

▷税務会計業務
▷医科、歯科コンサルティング
▷事業承継コンサルティング
▷人事労務コンサルティング（社会保険労務士法人 かぜよみ）
▷社会保険関連業務（同上）
▷助成金・補助金申請アドバイス（同上）
▷M&A 仲介、アドバイザリー業務（株式会社 forte ONE）
▷リスクコンサルティング（株式会社 Turning Point）
▷司法書士業務（司法書士法人 ハートトラスト）
▷IT 関連のコンサルティング業務（株式会社 菅村経営）

事務所の方針 >>>

① 福岡、佐賀、長崎県に5拠点を有し、九州地区で最大規模の税理士法人であると同時に、各地域ナンバーワンの知名度とシェアを獲得する。

② クライアント数2,800件の関与実績、経験をベースに、他の会計事務所が真似できない手厚い対応と、きめ細かい提案を行う。

③ 現在スタッフ数は300名を超える。税理士資格者のみならず、社会保険労務士、司法書士、システムエンジニアなど多様な人財を集め、さらに他の専門家とも提携し、あらゆる経営問題にワンストップで対応する。

④ 特に医療・介護分野のクライアントが多く、約800件となっているが医科、歯科のクライアントの経営指標をデータベース化するなど、弊社にしかできない専門的な情報提供を行う。

開業から現在に至るまで >>>

▶開業前の志望はマスコミ

　結果として私は2代目経営者なのだが、父と母は私が3歳の時に離婚し、母方（北九州市）で育ったため、税理士になるという意志は全くもっていなかった。したがって、大学も経済学部や商学部ではなく、マスコミ志望で社会学部を選択していたし、新聞社か広告代理店に就職できれば……という感じだった。

　そんな中、アルバイトの家庭教師先の親父さんが食品会社のオーナーで、

「税理士は将来にわたって安定しており、親父さんの地盤を継ぐべきだ」

とアドバイスしてくれたのが税理士を目指すきっかけとなった。

　税理士業務がどんなものか、父のことも、事務所のことも、全く知らない状況で税理士資格を目指し、幸い取得した。この時点では、父のもとで2年間のインターンを行った後に、どこかの事務所で修行し、故郷の北九州か福岡市で小さく開業するつもりであった。

▶所長の急逝と事業承継

　4月2日に入社し、ある程度の知識はあるものの実務経験はなく、他のスタッフと同様に基礎的な税務業務を行っていた。ところが入社16日目に所長である父が心筋梗塞で他界した。父と暮らしたことがないので、お客様もスタッフも、関連の業者も知らず、親しい友人も近くにいない状況で慌ただしく事業承継することとなった。

　さらに、私がインターン中で資格者がいないため、父の大学時代の友人だった長崎の内田延佳税理士（現　当グループ総代表）の仲介で、佐賀県で最大のシェアを持つ諸井会計から中西義一郎税理士を派遣してもらうこととなった。内田延佳税理士、諸井政司先生、中西義一郎先生からの教

えは、その後の経営に大きな影響があったし、心から感謝している。

　そして、「規模（資金力）が大きくないとできないことが多いし、提供できないサービスが増え、結果としてお客様の満足が得られず、スタッフの生活が豊かにならない」というのが御三方から与えられた私の最大の課題となった。

　当時はスタッフが約50名いたが、九州の顧問料相場で50名規模では、高給のSEやコンサルタントを雇用することは不可能であり、付加価値業務をスピーディに展開することが困難であった。

　また、金融機関等も、まずは県内で最大シェアを持つ事務所に情報提供や営業を行い、弊社にはついでに来るという感じであり、東京や福岡に出張した際は、さらに情報格差を感じずにはいられなかった。

▶近隣の状況と平成不況の影響

　佐賀オフィスが所在する伊万里市は人口6万人ほどである。隣の佐世保市も約25万人で、その他周辺地域を含めても人口50万人ほどの小さな商圏である。なお、伊万里市や有田町は焼き物などの伝統産業、土木建築などの公共事業が多く、弊社の顧客もこの2つの業種で約半数を占めていた。

　しかし、平成不況の影響から顧問先の経営状況が大幅に悪化し、倒産、廃業が相次いだ。顧問料の値下げ要求も厳しく、顧問料滞納が常態化していた。

　また、人財の不足も深刻で、税理士資格者はもちろん、大学卒業者の弊社への応募もほとんどない状況であった。2003年には営業力のある幹部の敵対的退職もあって、初めて減収減益と資金繰り難を味わった。これにはとても強い危機感を覚えた。

▶継承時の事務所の組織体制

　今にして思うと父はなかなかの辣腕であった。後発で、持病を抱えながらも、佐賀県西部では最大規模の事務所（クライアント数約500件、スタッフ数50名）となったのだから、少なくとも私よりは数段上だと思っている。

　持病のため、スタッフに動いてもらうことが多かったので、組織の構築には相当工夫をこらしていたように思う。特に5名いた幹部（課長）は人事権と決算賞与配分権を持っていた。課長たちは売上の70％で自らの課を運営し、残った金額をすべて決算賞与として配分することができた。結果、決算賞与が400万円を超える課長もいた。

　この制度は、事務所の発展に大きく寄与し、クライアント数でいえば、年間30〜50件ほどの拡大が可能となっていた。また、課長が業務の主役であったため、所長交代による顧客の離散は1件もなかった。これは非常に助かった部分である。

▶組織の弊害と改革

　一方で、幹部である課長たちの権限が大きすぎ、二代目の私よりも実力も権力もあるという状態であった。

　さらなる難点は、利益を出すために人を増やさない方向にベクトルが向いていることと、当時中核事務所の多くが取り組んでいた「業種特化」「業務特化」ができないということであった。

　私は母方の実家が九州歯科大学の下宿屋であったことから、なじみのある医療関係について勉強したかったのだが、課ごとに採算を取るため、一つの課に経営の安定している医療関係を集中させ、ノウハウを蓄積することができないのである。

　そこで、課長を部長に上げるなどして配置転換し、人事権は私が持った。また、新しい課長による決算賞与配分額は以前の30％程度とした。結果として、さらに2名の旧課長が事務所を辞めることとなった。

しかし、今にして思えば、ベクトルが違う人の退職は、組織の成長には必要なことであったと思う。

▶医療特化のきっかけ

今でも忘れられないのが、名南経営の奥村尚弘氏による医療経営セミナーである。そこでは、およそ税理士事務所とは思えないほど専門的な内容の説明があったからだ。

それから私は名南経営が主催する3日間の集中研修に2年連続で出席するなど、少なくとも事務所内では「最も医療経営にくわしい人」になった。と同時に、社内のすべての医療クライアントの訪問（15件ほど）に同行し、自分で学んできたことはすべて提案するように心がけた。

その中で、佐賀県鹿島市の富樫宏明先生（歯科）とは年齢も近く、ポジティブ思考で気が合い、「菅君には歯科を何百件も関与してほしい。そのためのノウハウは俺が提供してやる。そして、役に立つ情報を俺に提供してほしい」と言っていただいた。

そうした富樫先生からの熱いレクチャーを経て、自社開催でセミナーを行うようになった。特に、当時新しく出てきた歯科用CT（Computed Tomography：コンピュータ断層撮影）やセレックといった1,000万～3,000万円クラスの設備投資をどうやって可能にするか？　というセミナーには、数多くの先生にお越しいただいた。

▶医療特化の実際

医療特化の役に立ったのは、実は不況に苦しむ一般企業の資金繰り、融資対策のノウハウであった。

弊社は、融資の借換え、一本化、条件変更、短期融資の導入など、他の税理士が手を出さない融資交渉を引き受け、自費診療を増やすアドバイスを行っている。金融機関も医療機関向けの融資を増やしたがっていたので、弊社と金融機関の思惑が一致したとも言える。

結果として、CT 等を導入し、自費診療で売上が倍増する医院が何件も現れ、「あの税理士に頼むと業績が上がるらしい」という評判をいただくようになった。

　実際、現在でも弊社の歯科クライアントの平均売上は 7,200 万円であり、全国平均を 30%超上回る。業界の目標値である売上 1 億円超の医院も全体の 14%を超える。

　私自身が医療系のクライアントと話すのがとても楽しかったため、医療特化は楽しみをそのまま仕事にするような感覚であった。特に歯科医院に関しては、他の税理士が絶対に知らない大学時代の生活を知っているわけで、これは今でも多くの先生方と共通の話題となっている。

　また、医科は医療法人と MS 法人の徹底した活用と事業承継を提案した。弊社は私の影響で歯科のイメージが強いが、関与件数としては医科 502件、歯科 281 件であり、医科の関与が多い状況である。また、医科に付随して介護事業所や社会福祉法人も増加した。

▶福岡オフィスの開設

　2006 年に税理士法人化し、人口集積が進む福岡市へオフィスを出した。見切り発車もいいところで、スタッフ 4 名、クライアントは 25 件、市内のクライアントは 3 件のみという状況だった。今考えればかなり無謀であったが、幹部たちも赤字覚悟のチャレンジを応援してくれたし、初期スタッフはとても張り切っていた。

　最初の 5 年間は福岡オフィス単体の売上は低迷したが、2011 年に私が福岡に赴任したあたりから新規契約が増え始め、現在はオフィスのクライアント数は 566 件（2019 年 1 月末現在）となった。これに人事労務の関与先220 社が加わる。

　福岡オフィスの総スタッフ数は 87 名。税理士・会計士が 8 名、うち 4 大監査法人出身者が 4 名、社会保険労務士が 13 名在籍するなど、佐賀県では採用が難しかったであろう人財が在籍してくれており、上場企業、上場子

会社、社会福祉法人の会計など、業務の難易度が高くなっても対応できるようになってきている。

また、福岡オフィスは全クライアント数の70％が医療関連となっていて、一般企業に比べると顧問単価が高い（それでも、先に医療特化した事務所に比べれば割安だという話はよく聞く）。

昨今は新規開業案件の紹介が多いため、この傾向はしばらく続くと予測されるが、私自身は会計人として特化しすぎるのは良くないと考えており、医業以外のクライアントをどうやって増やすかが課題である。

▶税理士法人アップパートナーズの設立

父が他界した時に事務所存続のために奔走してくれたのが現総代表の内田延佳である。継承後は毎月の幹部会議に欠かさず出席していただき、公私共にアドバイスいただいた。

その中で、2008年の1月に私から内田の事務所との合併を申し出た。当然断られるかと思ったが、答えは以外にも「YES」であった。その8か月後に税理士法人アップパートナーズ設立となった。

設立当時はスタッフ数160名、売上10億円ほどだったと記憶している。現在は、長崎県の佐世保市、島原市にもオフィスを開設し、北部3県であれば1時間以内に訪問できるようになっている。

また、事務所の規模が拡大していく中で業務の多様性が求められるようになり、M&Aの専門のforteONEを設立。2018年には司法書士法人をグループ内に迎え、さらに佐賀市の来店型の保険代理店をM&Aし、子会社化した。

現在、グループの総スタッフ数は302名。売上は約22億円となっている。

3　公認会計士佐藤信祐事務所

代表　佐藤 信祐（さとう しんすけ）

　1999年明治大学経営学部経営学科卒業、朝日監査法人（現有限責任あずさ監査法人）に入社。

　2001年公認会計士・税理士 勝島敏明事務所（現デロイトトーマツ税理士法人）に入所。

　05年公認会計士・税理士 佐藤信祐事務所を開業。

　14年慶應義塾大学大学院商学研究科前期博士課程修了、15年慶應義塾大学大学院法学研究科前期博士課程修了、17年慶應義塾大学大学院法学研究科後期博士課程修了（博士〔法学〕）。

業務内容 >>>

　M&A、グループ内再編、その他の組織再編に係る会計・税務を専門とする会計事務所として、以下の業務を行っている。

　▷組織再編コンサルティング業務
　▷M&A コンサルティング業務
　▷事業承継コンサルティング業務
　▷一般企業向け顧問業務（相談業務に限る）
　▷会計事務所向け顧問業務（組織再編に限る）
　▷税務意見書作成業務
　▷社内研修支援業務

事務所の方針 >>>

① 　組織再編に係る会計及び税務を専門とする会計事務所である。そして、ビッグ4に匹敵する水準のサービスを提供できるように、執筆活動を通じた情報の収集を行っている。

② 　設備投資の少ない他の産業と同様に、会計事務所に対しては、所長自らのサービスに対する期待が高いことや、上場会社、非上場会社のいずれであっても、会計事務所を使い分ける傾向があることから、小さな規模であり続けることを方針としている。

③ 　ビッグ4と品質で対等に戦える事務所を目指し、国際税務、金融税務、事業承継、医療法人、公益法人などの様々な分野において、これらを専門とする公認会計士、税理士とのネットワークの構築に努めている。

開業から現在に至るまで >>>

▶開業前の実務経験

開業する前に、あずさで監査業務、トーマツで税務業務に従事していた。あずさに勤務していたときは、会計監査だけでなく、デューデリジェンスやIPOの支援業務に携わることができた。

ベンチャーバブルの影響もあり、人手不足であったことから、様々な仕事を経験することができた。このときのデューデリジェンスの経験と2017年から提携先と行ったFAS（Financial Advisory Service）業務の経験もあり、当事務所では、中小企業に対するM&Aの相談を引き受けられるようになっている。

さらに、会計ビッグバンの影響もあり、新しい会計基準が次々に公表された時期でもあった。

振り返ってみると、組織再編に係る税務だけでなく、組織再編に係る会計についてのサービスを提供するという当事務所の方針は、会計ビッグバンの中で、会計監査業務に従事していただけでなく、公認会計士第3次試験を受験するために、会計の勉強をやらざるを得なかったという環境のおかげであったと感じている。

そして、トーマツでは、組織再編チームに所属していた。トーマツに就職した2001年に組織再編税制が導入され、翌年の02年には連結納税制度が導入された。05年には企業再生税制が改正され、組織再編税制を専門とする当事務所のノウハウの多くは、トーマツで学ぶことができた。

開業前の05年に、いずれも共著ではあるが、『組織再編における繰越欠損金の実務Q&A』（中央経済社）、『ケース別にわかる企業再生の税務』（中央経済社）を出版し、独立後の執筆活動を行うための土台を作ることができた。

▶開業時の状況

2005年に公認会計士・税理士佐藤信祐事務所を開業した。06年には、会社法の施行、企業結合会計、事業分離等会計の導入が予定されていたことから、執筆、講演の仕事が期待できた。さらに、すでに独立した先輩方からのデューデリジェンスのアルバイトも期待できた。そのため、仮に事業が軌道に乗らなくても、トーマツ時代の年収は確保できるだろうと考えていた。

しかし、いくら時給が高いからといって、そういったフリーター生活を続けるわけにもいかないことから、開業前には、どのように開業をしていくのかを悩んでいた。

そのような中で、ランチェスター戦略のことを知るようになったため、ランチェスター戦略に従ったビジネスモデルの構築を考えるようになった。具体的には、組織再編に係る執筆活動で1位のポジションを手に入れ、講演活動につなげたうえで、本業であるコンサルティング業務につなげていこうと考えた。

▶独立して3か月で、前職の収入を超えた

独立してからわかったことであるが、ビッグ4でマネージャーにまで昇進すると、ビッグ4のOBからの仕事の紹介が期待できる。当時は、組織再編税制を理解している専門家は貴重であり、トーマツOBから続々と仕事が紹介されるようになった。

また、監査法人の独立性の問題から、系列の税理士法人で引き受けることができない仕事が紹介されるようにもなっていた。そのため、開業後3か月で、トーマツ時代の月収を超えるようになり、順調なスタートであったと記憶している。

さらに、前述のランチェスター戦略も成功し、講演活動から上場会社に対する組織再編のコンサルティング業務を受注することができ、その後の顧問契約にもつながっていった。

開業3年目には、会計事務所からの顧問業務も受注するようになり、組織再編の分野において一定のブランドを構築することができるようになった。

▶リーマン・ショックと東日本大震災

リーマン・ショックにより、当事務所の状況が一変する。

いきなり売上が半減したのである。ちなみに、当事務所の売上の推移を見てみると、開業当初から順調に売上が増加し、2008年、09年には、金融バブルの恩恵を受けたが、09年5月にスイッチが入ったように売上が激減した。リーマン・ショックが08年9月であることから、やや遅れる形で当事務所の売上に影響を与えたことがわかる。

この時期、多くの会計事務所がM&A、組織再編の分野から撤退したり、事務所を閉めたりするようになった。幸いにして、当事務所では、そこまで悪化はしていなかったので、今までどおり、組織再編税制に特化していくことにした。

しかし、2011年3月に東日本大震災が起きた。この時には、ほとんどの案件が延期されてしまった。計画停電の影響もあり、3か月くらいは仕事ができる状態ではないことが予想された。

世間では自粛ムードが高まっていたが、私の実家も新潟中越地震の被災地であったことから、そのような風潮には違和感があった。自粛ムードにより消費が低迷してしまうと、被災地の復興に悪影響を与えてしまうからだ。

まずは、義捐金として100万円の寄付をした（その後も継続的に寄付をしたため、東日本大震災関連では合計300万円の寄付をしている）。リーマン・ショックの影響により当事務所の売上が低迷していたが、そういう時こそ社会貢献をすべきだと考えたからだ。

さらに、仕事にならない3か月間は、毎日のように乗馬クラブに通っていた。仕事にならないからといって、事務所に籠っていても、ネガティブ

な発想になってしまうからだ。もちろん、最低限の仕事はしていたものの、ひたすら遊んでいた3か月間であったと記憶している。

大学を卒業してから、3か月もひたすら遊べる時期はそんなにないため、いろいろと気持ちの整理ができた。当時の予想では、3か月どころか、3年は景気が悪化すると思っていた。

そういう時期でないと、勉強の時間を十分に確保することができないため、この機会に、大学院に進学しようと考えた。「3年は景気が悪化する」という当初の予想は大きく外れ、結果として、忙しい日々を送ることになってしまったが、30代のうちに勉強をし直すという決断は間違っていなかったと思っている。

▶大学院進学と博士号の取得

2011年9月から半年間、科目等履修生として、中央大学大学院国際会計研究科で国際会計と国際税務の勉強をした。その後、12年4月から慶應義塾大学大学院商学研究科（会計職コース）に進学した。その時は、研修のパッケージのような感覚での大学院進学であった。

そして、14年4月から慶應義塾大学大学院法学研究科に進学した。会社法の改正により、スクイーズアウトの制度が大きく変わる予定だった。それでは、非上場会社のスクイーズアウトについて研究をしようと考え、15年3月に法学研究科の修士号を取得した。

いずれは、博士号を取得しようとは思っていたが、博士号の取得のためだけの研究をするつもりはなく、実務に活かせるテーマが見つかったときに博士論文を仕上げようと思っていた。

そのような中で、指導教授から修士論文を参考に、『法学政治学論究』に投稿するように言われ、無事に査読が通ったため、第106号に「非上場会社の少数株主の締出しにおける公正な価格」が掲載された。

そして、会社法における非上場株式の評価について、博士論文にまとめることができるのではないかと考えた。博士論文の目次を作成し、指導教

授にメールを送ったところ、おそらく博士論文は仕上がるだろうというこ
とで、16年4月に慶應義塾大学大学院法学研究科後期博士課程に入学し、
17年9月に博士号が授与された。

▶アベノミクスと税制改正

リーマン・ショック、東日本大震災の影響により、当事務所の売上も減
少したが、2014年からは、アベノミクスの恩恵を受け、売上が上昇に転じ
た。

その後、17年度税制改正では、組織再編税制が7年ぶりに大改正された。
18年度税制改正では、事業承継税制が改正され、組織再編と事業承継税制
を組み合わせたご相談を受けるようになった。その結果、18年には金融バ
ブル期の売上に戻ることができた。

▶ビズアップ総研との専属契約

2019年1月から、株式会社ビズアップ総研と会場型のセミナーに係る専
属契約を交わすことにした。

本業が忙しくなってきたこともあり、セミナーを減らす必要があったか
らだ。さらに、類似のセミナーを他社で行うと受講者を食い合うという懸
念や、マンネリ化によりセミナーの品質が低下する懸念もあった。

専属契約といっても、すべてのセミナーが禁止されているわけではな
く、例外事項として、以下のものが認められている。

①　公認会計士協会、税理士会で行われる研修
②　会計事務所、法律事務所、一般企業などで行われる社内研修
③　会計事務所、法律事務所が主催する顧客向けのセミナー
④　研修テープ、DVDの収録
⑤　私的に行われる無料の勉強会
⑥　上記のほか、両者の合意により認めたもの

上記②、③は、当事務所が行う社内研修支援業務を想定したものである。

そして、④は、株式会社レガシィから依頼を受ける研修用 DVD を想定したものである。

最近の傾向として、組織再編や事業承継のコンサルティングにおける報酬が上がっているように感じている。おそらく、金融機関がフィービジネスを強化し、複数の会計事務所と提携しながら提案をしているからだと思われる。しかし、十分な情報を得ない段階で提案していることが理由だと思われるが、工数が過剰に見積られたり、オーバースペックになっていたりと、報酬体系が極端に高くなっているものが多い。

結果として、10万円／時間のチャージレートを設定しているにもかかわらず、当事務所のほうが、報酬総額が安くなってしまい、案件の受注につながっている。

セミナーの件数を減らすことで、本業を強化する時間ができるので、オリンピック後には積極的に営業活動をしたいと考えている。

▶オリンピック後に向けて

当事務所では、今までの集大成として 1,000 ページを超える組織再編の専門書を 2020 年に出版する予定である。連結納税制度の改正のタイミングと重なると、それを反映するために、オリンピック期間中に校正作業をする羽目になるかもしれない。

もし、連結納税制度の改正のタイミングと重ならなければ、オリンピック期間中は、なるべく仕事をしないようにしようと考えている。東日本大震災と異なり、オリンピックの影響で生じる渋滞や混雑により仕事にならない状況は、事前に予測できているため、ほとんどの案件が前倒し、あるいは後倒しになることが予想されるからだ。

前述のように、オリンピック後に、積極的に営業活動をする予定である。2019 年は、そのための人脈形成のための年であると考えている。さらに、集大成としての単行本をきちんと完成させ、今後の広告宣伝の役に立つようにしたいと考えている。

PART 2

事務所の経営戦略と 『2020』後

事務所の戦略とその戦略を選んだ理由

● 才木正之 の場合 ▷▷▷

◤ チャレンジャブルな組織

　前述したように、弊社は、経営理念の実現を目指す集団である。お客様に寄り添い、問題解決にチャレンジし続ける集団だ。

　したがって、お客様との関係性は自然と深くなる。一般的な会計事務所スタッフであれば、経理担当者、経理部長、経営者としかコミュニケーションをとらないが、弊社のスタッフは、営業担当者、工場スタッフともコミュニケーションをとる。問題解決を図ろうとすると、お客様の企業メンバーと一緒に取り組むことになるからである。

　また、イノベーション意識が浸透しているため、「このままでいいんじゃない」というような現状維持のマインドが強いスタッフは、誰一人いない。

　人数規模では、まだまだ25名の組織であるが、メンバーのチャレンジ精神は一流だという自負がある。

　もちろん、チャレンジしてもうまくいかないことはたくさんある。しかし、そのチャレンジの中で成功するからこそ、達成感が生まれるのではないかと考えている。

◤ 全員で成長する 15％ルール

　弊社では、毎月所定労働時間の15％を研究開発、教育時間に投資することを意思決定している。私たちの戦略は、極端に言うと、朝令暮改となりうる。それだけ、経営環境の変化は激しい。

　そこで、15％ルールを設定し、メンバーと一緒に新しい取組みを共有したり、先輩からのOJT、そして全員参加の経営会議を含めたミーティングを積極的に行うことを約束している（この「15％ルール」は、ホワイト企業アワード2019の人材育成小企業部門で部門賞をいただいた）。

　今年私たちが取り組んでいることでも、来年全く同じ戦略で行っている

ものは、おそらくないだろう。重要なことは、常に変化し続けられる組織であることだ。

◪ SDGs と CSV 戦略に取り組む

2015 年 9 月の国連サミットで採択された「持続可能な開発のための 2030 アジェンダ」に、2016 年から 2030 年までの 17 項目の国際目標が記載されている。これを「持続可能な開発目標（SDGs）」という。

一方、競争戦略の大家であるマイケル・ポーター教授が提唱した「CSV（Creating Shared Value）戦略」がある。その要諦は、「企業が、その活動する地域の経済状況を改善すること、あるいは地域の課題を解決すること等を通じ、自らの競争優位性を高めていく」という考え方である。

私はその考えに触れた時に大変な感銘を受け、それ以来、「会計事務所という器を使って、社会の課題を解決できる事業を本業として展開できないか」と考えてきた。

具体的な構想としては、「SDGs 活動を積極的に行っている NPO 法人や NGO 法人と、私たちのお客様企業とのマッチングを行い、CSV 戦略に関心を寄せていただく企業からの企業寄付行為を推進する」というものである。

寄付行為を行う法人は、その寄付行為がきっかけとなり、その地域や関連領域（福祉、環境、教育、ジェンダーフリー等々）への社内教育を進めることができる。これらは、今後社会から求められる企業行為であると確信しており、大企業での取組み事例は多くあるが、中小企業の事例はまだまだ事例が少ない。

一方、NPO・NGO は、活動費を集める活動時間を短縮することができ、本来の貢献活動に集中できるメリットがある。

私たち会計事務所は、その仲介役として適任であると確信している。この活動自体がポーター教授の CSV 戦略であると捉え、今後も推進したいと考えている。

事務所の戦略とその戦略を選んだ理由

● 菅　拓摩 の場合 ▷▷▷

◪ 地域ナンバーワンの知名度

　1つの会計事務所で、ある地域の大部分の企業を顧問することはもちろん不可能である。しかし、私達が目指すのは、誰かが「この辺りで良い税理士事務所を知らないか？」と質問したとき、「税理士法人アップパートナーズ」と回答してくれる人が50％を超えることである。

　そうなれば、広告に多額の費用をかけなくても、クライアント数は自然と増え、規模を拡大することができる。そして規模が拡大すれば、資金力、人財の獲得、さらなるサービス向上、そしてスタッフの生活レベルの向上につながると考える。

　また、伊万里市近郊においては、ある金融機関の3,000万円以上の貸出先の30％以上を弊社1社で関与している。弊社の社会的な責任も重いと考えている。

◪ 医療機関への専門的なアドバイス

　日本において、人口の減少とともに多くの企業が事業縮小や廃止を余儀なくされると思われるが、「医療、情報通信、教育」の3分野は数少ないその例外だと聞く。高齢化はこれからまさに本番であるが、人口構成、年齢別の受療率から考えても、医療と介護のマーケットは今後も拡大する。

　一方で医療の分野も昨今は競争原理が働くようになった。債務超過の病院はめずらしいことではなくなり、都市部のクリニックは新規開業しても経営難にあえぐことも多い。

　そこで、われわれはいわゆる節税ニーズだけでなく、集患、収益力向上、人事労務問題、資金繰り改善などについてもアドバイスを行っている。

人事労務部門の拡充

昨今、税理士事務所と社労士事務所の提携は当たり前のこととなっているが、両方を1つの事務所で内製化している事務所は少ない。また、内製化していても手続業務に終始しており、労務問題の解決や予防まで対応できる社労士事務所は九州には極めて少ない。

弊社の場合、グループ内の社会保険労務士法人かぜよみの代表、肥海聡芝は、自らは手続業務は一切行わず、コンサルティング業務に特化しており、これがクライアントに大変好評である。

また、かぜよみの発展がグループの発展に大きく寄与している。最近のかぜよみの単独関与先は、大手IT企業や大手流通企業など、大規模先であることが多く、そこからの税務相談等、相乗効果はとても高いものになっている。

さらなる多角化

今のところ、九州には真の意味で、ワンストップで企業の抱える諸問題に対応できている会計事務所はないと思われる。そこで、昨今ニーズが高まっているM&Aについても弊社は別会社をつくり、公認会計士を中心に専門職員を4名配置している。

また、生命保険の代理店をM&Aで子会社化した。これによって生損保について多種な商品の中から、最適なものを提供できるため、クライアントのリスク回避に今まで以上に対応できるものと考えている。

事務所の戦略とその戦略を選んだ理由

● 佐藤信祐 の場合 ▷▷▷

◆ 組織再編特化型事務所として

当事務所は、組織再編特化型事務所として開業したため、それ以外の仕事は基本的にお断りしている。

もちろん、組織再編コンサルティングから顧問契約につながることもあるが、組織再編が専門であることをクライアントが理解しているため、組織再編以外のご相談があるとしても、私の得意分野に近いご相談をいただいている。そのため、通常の会計事務所が行っている申告書作成業務は行っていない。

組織再編特化型事務所を目指した理由は、チャージレートに見合う仕事を選んだら、結果的にそうなったというのが正直なところである。

開業当初は、勤務時代のチャージレートを丸めた 20,000 円／時間であった。そして、事務所が軌道に乗ったこともあり、30,000 円／時間に引き上げた。

その後、組織再編税制の専門家であると認知されるようになったら、クライアントのニーズが「ビッグ 4 に近い品質のものをリーズナブルな価格で」というわけでなく、「ビッグ 4 と同じ単価でもよいから、ビッグ 4 に匹敵する品質を」と変わっていった。クライアントも、ビッグ 4 と個人事務所を使い分けるようになったからである。

ビッグ 4 との棲み分けという意味では、スピード感のある対応、グレーな論点に対する税務上の判断が求められていると感じている。その結果、ビッグ 4 のパートナーのチャージレートを意識するようになり、50,000 円／時間、100,000 円／時間とチャージレートを引き上げていった。

そうなると、自分の得意分野以外では、チャージレートに見合う品質を提供することはできないし、得意分野以外の仕事を引き受けていると、得意分野の品質も劣化してしまう。その結果、組織再編特化型事務所になら

ざるを得なくなったというのが正直なところである。

◪ 小さな規模であり続けること

　当事務所は、開業以来、正社員を雇ったことがない。正社員を雇ったとしても、任せる仕事がないからである。それでは育てればよいのではないかと思われるかもしれないが、難易度の高い組織再編税制の仕事はそれほど多くはないため、FAS業務か申告書作成業務を任せていくしかない。

　しかし、それをやり始めると、組織再編・資本等取引の税務に対応する能力は、かなり落ちていく。得意なことに特化したほうが品質を維持することができるからである。

　さらに、正社員を雇おうとしても、優秀な人間はビッグ4で働きたがるという問題がある。もちろん、ビッグ4から当事務所に転職してくる可能性はありうるが、優秀な人間であれば、30歳前後に独立をしてしまうという問題がある。

◪ 大きなネットワーク

　そう考えると、正社員を雇わずに、大きなネットワーク作りをしたほうが効率的であると考えるようになった。幸いにして、私も42歳になったこともあり、トーマツ時代の後輩が独立するようになった。それだけでなく、他のビッグ4や資産税専門の事務所からの独立も増えており、彼ら、彼女らと提携し、得意な仕事を紹介し合っている。

　東京23区内の特徴でもあるが、パソコンとスマートフォンがあれば、コストをかけずに独立できるようになっている。このような時代では、得意分野でビッグ4と品質で対等に戦える個人事務所の緩やかな連合体のほうがクライアントのニーズに合致すると考えている。

最近の IT の進化と事務所への影響

● 才木正之 の場合 ▷▷▷

◪ IT の進化と会計事務所への影響

　『雇用の未来-コンピューター化によって仕事は失われるのか？』という論文で「人間が行う仕事の約半分が機械に奪われる」という衝撃的な予測を発表したのがオックスフォード大学で AI（人工知能）などの研究を行うマイケル・A・オズボーン准教授であった。

　その論文の中で、われわれの会計事務所業務も高い確率で AI に置き換わる仕事だと評価されているが、その仕事は記帳作業、入力作業、分析作業など一部の作業領域の話である。

　キャッシュレスになりすべてカード決済になると、取引のデジタル化に伴って、会計処理を AI が自動化することは可能となるだろう。預金取引や給与計算についても同様である。

　そして、企業それぞれの基幹業務である経済活動（例えば、卸売業者については、仕入、在庫管理、売上計上という経済活動、あるいは、工事業者においていうと、主要材料仕入、外注依頼、施工そして請負契約履行による請求業務など）まで、デジタル化できるのであれば、この業務における会計処理についても自動化が可能となるだろう。

　われわれはそうした IT の進化を脅威と捉えるのではなく、お客様がさらに効率的に収益を伸ばすチャンスであり、われわれもそのサポートをして行きたいと考えている。

◪ まずは、自分の事務所から

　デジタル化後進国の日本では、当面は、デジタル化推進のお役立ちはできるはず。では、何から手を付けていくべきか？　まず、自分の事務所からデジタル化を推進することだと感じている。

　弊社では、2018 年夏にシステムエンジニア経験者に入社してもらった。

上場企業でのSE経験者に、事務所内のIT化を推進してもらうとともに、お客様のITソリューションを同時に行っておくことを決意。それが、ITソリューション部の創設だった。

これからは、企業内のIT化のみならず、企業間アプリケーションソフト自体がAPI（Application Programming Interface）と連動し、どんどん情報がつながっていくことになる。その時に、われわれは何ができるのか？を考えることが大切だと考えている。いずれ、なくなる仕事かもしれないが、なくなるまでは一緒に問題解決できる。

◆ AIでできないことを探す

すべての仕事をAIで行うことができれば、人間は働くことをしなくてよくなるのか？　経済的活動は、ロボットが行い、人間は、その果実だけ享受する。そんな世界になるかどうかは、誰にもわからない。

ただ、われわれ人間は、感情をもって生きているし、経済活動を行っている。AIが示すデータを共感して眺めたり、一緒に、喜び、悲しみ、口惜しさを味わうことは、人間にしかできないことではないか？

「私たちは、コミュニケーション力を磨き、経営者の希望を受け止め、誠実にその実現を目指します」と弊社の経営理念に記している。

ITの進化とともに、お客様の問題解決に当たることがわれわれの目的であって、ITの進化により、仕事が奪われるという認識はない。

最近の IT の進化と事務所への影響

● 菅　拓摩 の場合 ▷▷▷

◪ IT 部門のこれまで

　弊社は 10 年ほど前から社内に SE を複数配置してきた。当初はパソコン会計の導入、サーバーの管理、会計ソフト間の互換プログラムの作成、経費精算のシステム作成、自社のホームページ管理など、主に社内インフラの整備を行っていた。

　しかし、クライアントからの要望もあり、ホームページの製作を受注するようになった。これに端を発し、売上管理システム、予約管理システム、部門別損益の管理システムなど、様々なシステム構築を受注している。

　マンパワーの問題があるので、外部売上は多くても年間 2,000 万円程度であるが、「提案すれば受注する」という感覚である。また、会計にくわしい SE の在籍は、他の会計事務所との大きな差別要因となっている。

◪ IT 部門の体制

　現在、IT 部門は 8 名体制となっており、その中で、プログラミングまで可能なスタッフが 5 名在籍している。

　一方で、お客様の会社に SE が在籍しているケースは稀である。よって、経営者はこの手の相談相手がおらず、大手システム会社の営業マンに言われるがままに高額なシステムを導入したり、導入してもうまく機能していないケースも散見される。

　そこで、弊社で可能なものは作成を請け負い、また、大型システム導入の際の通訳的なコンサルティングも行っている。

◪ IT の進化で税理士は不要になるか？

　よく AI の進化で会計事務所の存在意義がなくなるようなことが言われる。なるほど、画像認識の技術が進化すれば、スキャニングした領収書な

どの仕訳の大半は AI が判断できるようになるし、別表も RPA の技術によって簡易なものは作成できるようになるのでは？　と考える。

また、キャッシュレス政策により、画像認識そのものが必要ない時代も来るのかもしれない。しかしながら、最終成果物である決算書、申告書について、それが適正なものであるかの最終判断は税理士がやらざるを得ないであろう。

ソフトメーカーは税務に関する賠償責任を決して取らないと考えるからである。その点で、私は税理士業務そのものがなくなるとは考えていない。むしろ、AI が進化することで、スタッフは非効率的な業務から解放され、よりクリエイティブな業務に専念できると期待している。

◪ IT の進化はチャンスである

IT の進化で特に目立つのは、AI と RPA 技術の台頭であろう。この 2 つは組み合わせることが可能で、逆に、組み合わせなければ RPA などは玩具のようなものだとすら思う。

しかし、会計業務においては思考を伴わない単純な作業は意外と少ないため、「AI + RPA」が深く浸透するのは早くて 3 年先であると思われる。

IT 関連の企業がこれらを駆使して新しいサービスを提示する一方で、それを導入して、使いこなしている中小企業は私が知る限りかなりの少数派である。例えば、人事評価のシステムを販売する会社は多いが、導入した中小企業で結局何の役にも立っていない状況もよく目にする。

しかし、こうした IT 技術に対応しなければ生き残れないという恐怖感が経営者を支配している。これは弊社にとってはチャンスである。クライアントに今の IT 技術の限界や問題点を指摘し、適切なシステム導入のコンサルティングを行う。あるいはできるだけ安価なシステムをこちらで構築するなどは、将来の売上の柱となることを期待している。

最近の IT の進化と事務所への影響

● 佐藤信祐 の場合 ▷▷▷

◪ 雑用の手間が減った

　IT の進化がなかったら、小さな規模であり続けることは不可能であった。IT の進化により、あらゆる情報がインターネットで入手ができるし、書籍や備品の購入もインターネットで可能である。

　それだけでなく、パソコンの利用により、あらゆる雑用が効率的になっている。そう考えると、雑用のための工数が減ったことにより、そのために正社員を雇う必要がなくなったということが言える。

　さらに、時間は有限であるから、移動の時間ほど無駄なものはない。専門書の購入も「とりあえず買う」というスタンスを採用している。本屋に行って、どんな本が売られているのか、買う価値があるかどうかを悩むくらいであれば、Amazon で調べて、とりあえず買っておけば、本屋に行く時間を省くことができる。

　値段に見合わない専門書を買ってしまったという損失よりも、移動のために時間を要してしまったという機会損失のほうが大きいからである。

　それ以外にも、多少の無駄遣いをしているような気もするが、1 人で経営している事務所であれば、1 年で無駄遣いが 100 万円を超えることはないから、個人的にはあまり気にしていない。

　そう考えてみると、スマートフォン、インターネット、メール、Wi-Fi など、あらゆる文明の利器により、効率的に仕事ができる体制が整っており、IT の進化による恩恵を十分に受けていると感じている。

◪ 事務所を留守にしても、仕事に対応できる

　さらに一歩進んで考えてみると、わざわざ事務所にいる必要もないことがある。さすがに、喫茶店でミーティングをするわけにもいかないから、ミーティングスペースとしての事務所は必要だが、それ以外の時間帯で事

務所にいる必要はない。

　そして、パソコンとスマートフォンがあれば、世界中のどこにいても仕事ができる。2017年度税制改正の影響で、執筆活動が忙しくなってしまい、最近は行っていないが、2016年までは、海外旅行に行きながら、パソコンとスマートフォンで仕事の対応をしていたこともある。

　当然のことながら、日本国内で出張があっても、パソコンとスマートフォンでスムーズに対応することが可能である。かつては、事務所に電話番がいた時代があったようだが、もはやそういう時代ではないということが言える。

◆ 地方の案件でも対応できるようになった

　遠隔地にいても、パソコンとスマートフォンで仕事ができることから、地方の案件でも柔軟に対応できるようになった。

　IT音痴のため、大学院に進学していた時に、若い学生からWi-Fiの使い方を教えてもらったが、その時から、地方に出張に行っていても、東京の仕事に対応できるようになり、東京にいながらにして、地方の仕事に対応できるようになった。

　さすがに新幹線の中では、キーボードの音が周りに聞こえないようにする必要があるし、飛行機の中では、スマートフォンを使用することができないものの、例えば、地方出張時に、駅の構内の喫茶店でメールをチェックするくらいのことはできる。セミナーの仕事があるときも、昼休み中にメールのチェックをすることはできる。

　そう考えると、「今日は、一日中、メールをチェックすることができませんでした」ということもない。IT化の進展により、仕事が効率的にできるようになり、結果として、小さな規模であり続けることが可能になったということが言える。

リーマン・ショック後の経済変動と事務所への影響

● 才木正之 の場合 ▷▷▷

◆ お客様の反応

　2008年当時は、36歳だった。リーマン・ショックのお客様への影響は甚大であった。

　「工場の生産ラインがストップして、することが全くなくなった」という声を聞いたこともあった。しかし、弊社のお客様の行動変革は、とても早かったように記憶している。

　「この際に、社員教育の徹底を図ろう」「助成金を活用して、新技術の検討を行おう」というような、前向きな議論をしていたことを覚えている。

　従来から、コンサルティングサービスで関わっていたお客様に対しては、「逆にチャンスと捉えて、社員教育の時間に充てよう」という流れにもっていけたと思う。ポジティブなお客様に恵まれているなと当時から感じていた。

◆ 報酬への影響

　弊社の売上比率における、税務・会計業務とコンサルティング報酬との比率は、55：45前後を推移している。税務・会計業務は、固定報酬である。

　一方のコンサルティング報酬においても、継続関与させていただくパターンが多かったため、リーマン・ショックによる報酬の減額は、ほとんどなかった。

　逆に、危機的状況なので、お客様の幹部メンバーと一緒にミーティングを重ねたり、研修に時間を投資して行動変革に一緒に取り組ませていただくことが多かったため、報酬増のお客様もあったと記憶している。

　弊社の経営理念にあるとおり、「お客様とともに、問題解決を通じて」というメッセージがここでは、プラスに働いたように感じている。

　他の士業事務所、社会保険労務士事務所、弁護士事務所、不動産鑑定士

事務所、司法書士事務所は、スポット業務が多く、安定した経営基盤でない場合が多いのに対して、税理士事務所は、税務顧問報酬という固定報酬によって、安定的な経営が営めるビジネスモデルである。

これからどうなるかは不明だが、現時点では、経済変動の影響は、弊社にとってはそれほど、脅威ではないように思われる。

◆ 変動にはチャンスあり

「資本主義社会である限り、経済は成長を続ける。一時的な混乱は避けられないが、長期的に見ていくと、必ずチャンスは来るはずである」私はそう信じている。

資本主義社会の中で、企業は自己資本を充実させ、経済変動をチャンスに捉えられるように準備しておくということが重要だが、これは一般企業のみならず、私たち会計事務所も同様である。

では、どのようにして経済変動をいち早く捉えるのか？ これには、国策を理解することが重要だ。

われわれの主要管轄である経済産業省、中小企業庁はもちろんのこと、医療特化の事務所は、厚生労働省の動きの確認は必要であろうし、住宅産業に業種特化している弊社であれば、国交省管轄の情報も必要になろう。

このように、経済の動きと国策とをうまく観察することにより、助成金や補助金等の情報も手に入り、お客様へスピーディーに提案することが可能となる。

リーマン・ショック後の経済変動と事務所への影響

● 菅　拓摩 の場合 ▷▷▷

◧ 製造業への大打撃

2008年のリーマン・ショックは、九州地区においては、特に製造業にとって大きな打撃だった。大手電機メーカーの下請会社などは、売上が80％減少し、工場稼働がストップするなど、倒産の危機に瀕した企業がいくつもあった。

その中で、セーフティネットの活用等による借入のアドバイスはもちろんだが、雇用調整助成金の申請、生命保険契約を解約するなどして、資金繰りを対策した結果、クライアントの中でリーマン・ショックが原因で実際に倒産したのは奇跡的に0件だった。

また、造船業が円高による受注減少などで、数年遅れて苦境となったが、それ以外の業種は、リーマン・ショック以前も特に好況だったわけではなく、それほど大きな影響を実感することはなかった。

◧ 円高の影響とグループの経営状況

そういう意味では、リーマン・ショック自体よりも、その後の円高による影響のほうが大きかったように思う。特に、為替デリバティブを組んでいた企業は数千万〜数億円単位で損失を出し、法律事務所へ相談に行くというのに何度も同行した。

なお、グループの経営自体はリーマン・ショックの影響はほぼゼロであり、この期間も増収増益傾向であった。

理由はクライアントの倒産がなかったこと、資金繰りで頼りにならない会計事務所から弊社への契約変更が多かったこと、そして医療系のクライアントの増件が寄与したからである。

◪ 会計事務所は不況に強い

　また、解約した生命保険の新規契約需要や、法律改正による就業規則の見直しなど、税務以外の業務が拡大していった。

　生前、父が「会計事務所は好況時は節税で役立つ。不況時はコンサルティングで役立つ。結果として、不況に強い」と語っていたが、そのとおりになった。

リーマン・ショック後の経済変動と事務所への影響

● 佐藤信祐 の場合 ▷▷▷

◪ スポット報酬の激減

　PART①で述べたように、2008年9月のリーマン・ショックで、当事務所の売上は、09年5月に激減した。いきなり売上が半分になったのである。その理由は、売上のほとんどがスポット報酬だったからである。

　事業承継を専門とする人たちに聞いてみると、それほど影響は大きくなかったらしいが、当事務所の売上は、M&Aや事業再生に依存していたため、その影響はかなり大きかった。

　最近では、事業承継の案件も行っていることから、リーマン・ショック級の不況が再発しても、当事務所のスポット報酬が同じように半減するとは思えない。景気が悪化したことを理由として事業承継対策を延期することは考えにくいからだ。

◪ 固定報酬の影響は軽微

　これに対し、毎月固定の報酬をいただいている仕事は、ほとんど解約されずに維持されていた。

　金融バブルの時は、比較的、高い報酬が期待できるスポット報酬を増やそうとしていたが、リーマン・ショック、東日本大震災を経験すると、固定報酬が期待できる顧問契約は、かなりありがたい存在であることが理解できた。

　そのため、2017年までは固定報酬を増やすことを目標としていた。もちろん、組織再編やM&Aを頻繁に行っている一般企業からの依頼もあったが、会計事務所向けの顧問契約を増やそうとしたのも、固定報酬を増やしたいと思ったからである。

◆ 提携先の変化

　開業してから 10 年以上が経過しているが、「短期的に儲けるのは容易だが、長期的に儲けるのは難しい」というのが、私の感想である。

　リーマン・ショック、東日本大震災の結果、提携先の半分がビジネスモデルを大幅に変換してしまった。結果的に、金融バブルの時の提携先のうち、半分以上は提携が自然消滅してしまった。

　事業再生については、マーケットそのものが縮小しているから仕方がないが、金融バブルの時代に、M&A、組織再編の世界でそれなりの売上を稼いでいて、アベノミクスの時代にも、それなりの売上を稼げている同業者はほとんどいない。プレイヤーが完全に入れ替わっているというのが率直な感想である。

　プレイヤーが完全に入れ替わった理由として、①周りの信頼を失ってしまったケース、②そもそも最初からマーケットをシフトするつもりだったケース、の 2 つが挙げられる。

　このうち前者はわかりやすいであろう。いきなり年収が数倍になると、それを維持したいと思うし、維持できると思うようになる。そういうときに、安易に稼げる方向に進んでいってしまい、周りの信頼を失っていくというのは、どの業界にもある典型的なケースである。

　後者はわかりにくいかもしれない。これは、50 歳を過ぎたら、常に専門知識を高めていかなければいけないコンサルティング業務よりも、その必要のない業務にシフトしていきたいと考える人たちが多いことが理由である。

　特に、リーマン・ショック、東日本大震災のようなことがあると、固定報酬を稼げるビジネスに移っていくというのは自然なことなので、提携が自然消滅することもやむを得ないことである。

アベノミクス後の経済変動と事務所への影響

● 才木正之 の場合 ▷▷▷

◀ お客様の反応

　弊社のお客様は、従来型のビジネスモデルである、製造業、卸売業、小売業、サービス業主体のお客様が多く、最近生まれたビジネスであるアプリ開発会社、EC サイト運営会社等のベンチャー系のお客様は少ない。

　したがって、アベノミクス効果によって、恩恵を受けたかと問われると、イエスともノーとも言えないのが率直な感想である。

　ビジネスモデルもさることながら、弊社のお客様は黒字化率が80％を超えている。これは、国税庁が毎年発表する法人黒字化率30％前後という数値と比して、優秀な成績である。

　したがって、アベノミクス効果による底上げはあるものの、そのことと関係なくお客様自身での業績向上が図られていると感じている。その実績により、弊社の報酬への影響も堅調で、増加傾向となっている。

◀ 労働人口の減少

　労働人口の減少は、会計事務所業界のみならず、日本企業、特に中小企業においては、経営のボトルネックとなっている。弊社もご多分に漏れず、5 年前から採用には苦戦を強いられている。

　さらに、アベノミクス政策での働き方改革の推進も、企業の在り方を問うている。会計事務所も年末調整作業時期、確定申告時期そして法人決算繁忙期（３月決算）には、残業時間が多くなり、疲弊するスタッフがいる中、会計事務所就職希望者が少なくなっている現状でどのように組織化していくかが問われている。

　そこで、弊社が考えるこの解決方法は、「メンバーの物心両面の幸福を追求すること」である。

　作業だけでは、付加価値が高い仕事とは言えない。そして付加価値が高

くなければ、成果配分には限界がある。

　メンバーの物心両面の幸福を追求するためには、組織規模を追い求めるのではなく、1人当たりの生産性が高く、いかに仕事にプライドをもってやりがいのある仕事と認識できるかが重要であろう。今後は、1人当たりの生産性も時間チャージで測定されることになるであろう。

◢ グローバル化

　日本人の労働人口が減少する中、わが国はこれからは観光国としての成長を遂げると考えている。弊社は大阪の中心地に位置しているが、10年前、現在の心斎橋（グリコの電光掲示板で有名）の外国人観光客での賑わいは、想像できなかった。

　オリンピックイヤーに訪日観光客4,000万人を目標にしている日本。関西は、京都、奈良、大阪、神戸と見どころがある観光地がたくさん所在し、オリンピック後もますますインバウンド需要の増加は見込まれるであろう。

　労働人口が減少するとすれば、外国人労働者と一緒にサービス提供する時代が来ることは間違いない事実だと考える。これは、一般企業のみならず、われわれ、会計事務所も同様だ。

　弊社においても、インターンシップへ外国人留学生からのエントリーがあったりと、外国人スタッフの誕生も近いと考えている。

アベノミクス後の経済変動と事務所への影響

● 菅 拓摩 の場合 ▷▷▷

◀ 業績回復と承継の提案

アベノミクスによって 2013 年初頭から急激に円安傾向となり、クライアントの業績も徐々に改善していった。特に輸出関係の業種は目に見えて業績が回復したため、節税の相談も増えてきた。

同時に、事業承継時期に差し掛かっている企業や医療法人も多かったため、急上昇する日経平均を踏まえて、会社分割、合併、株式交換、MS 法人の設立等による早期の生前贈与を提案、実行した。

◀ 2つの地震の影響

しかし、アベノミクスよりも影響を感じたのは、東日本大震災と熊本地震であった。

東日本大震災は直接的な被害こそなかったが、間接的に、部品が届かずに建設工事が遅延するなどした。熊本地震の時は店舗が倒壊するなど、しばらく営業不能となったクライアントが 20 社ほどあった。

弊社は地震の影響を受けた企業への支援として、熊本地区の顧問料請求を止めたため、1,000 万円を超える損失が出たが、お客様に怪我や倒産がなかったのが幸いだった。

一連の地震のあと、復興のために、特に建設関連企業の人手不足が顕著となり、今も「仕事はあるのに人がいない」という状態が続いている。

◀ 福岡市近郊の発展と太陽光発電

福岡地区はこの 10 年間、九州新幹線の開業、博多、天神地区の再開発、相続対策の賃貸不動産の増加、福岡市東区や隣接する新宮市への人口流入などが重なり、全体的に好況を呈している。特に、ゼネコンの下請企業はかなり強気の単価設定でも仕事が絶えない状況だ。

利益が増加した企業には、太陽光発電等の節税を兼ねた投資商品と、生産性向上設備投資促進税制の組み合わせをよく提案した。

　特に、太陽光発電は個人事業としての申告が可能であったので、役員報酬の増額や消費税、所得税の還付などを組み合わせた提案を行い、併せて株価対策もしていた。

◪ 介護事業の苦境とM&A

　一方で、介護事業者、それも住宅型の有料老人ホームは苦境にあえいでいる。

　2015年の介護報酬の改定は、それまで収益性が高かった併設するデイサービスがねらいうちとなり、軒並み10%程度の売上減となったうえに、人件費の高騰と人手不足が追い打ちをかけて経営危機に瀕している事業者は決して少なくない。

　弊社では、これら不採算の老人ホームに関して、精神科や療養型の病床を持つ医療法人に買収を打診し、収益アップと事業承継対策を同時にねらうような提案を行っている。

◪ 事務所全体売上の向上

　弊社では、福岡オフィスを中心に、それも医療関連中心のクライアント増加が続き、私の管轄である福岡、佐賀、佐世保地区の税務部門の売上は、2013年からの6年間で160%、全部門では188%の伸びとなった。長崎オフィスを含むグループ全体では152%の伸びであった。

アベノミクス後の経済変動と事務所への影響

● 佐藤信祐 の場合 ▷▷▷

◆ 固定報酬の増加

　リーマン・ショック、東日本大震災の影響もあり、当事務所の売上が減少したが、2014年からは売上が増加に転じた。金融バブルと大きく異なるのは、スポット報酬による売上の増加ではなく、固定報酬による売上の増加が原因である。

　コンサルティング業務を中心とする事務所にありがちだが、開業当初はスポット報酬が中心であるのに対し、だんだんと固定報酬がスポット報酬を上回るようになる。

　なお、多くの会計事務所では申告書作成業務が固定報酬になると思われるが、当事務所では、PART①で述べたように、一般企業向け顧問業務（相談業務に限る）、会計事務所向け顧問業務（組織再編に限る）が固定報酬となっている。

　とりわけ、ここ数年は、会計事務所向け顧問業務が増えているというのが実感である。

　私の推測ではあるが、組織再編税制が一般化したことにより、ある程度は組織再編税制に対応できる事務所が増えている一方で、難易度の高い案件や特殊な案件に対応するために、外部の専門家と提携したいという動きが出てきたからであると思われる。

　後述するように（「東京から地方への参入の可能性」104ページ、「今後の事務所の事業展開について」146ページ参照）、中長期的には、地方都市において、大きな会計事務所が増えていくと想定しているが、東京の専門家との提携により、品質を強化しようとする動きが出てくると感じている。

◆ スポット報酬の増加

　2017年にチャージレートを引き上げたことにより、一時的にスポット報

酬は減少したが、2018年には、チャージレートを引き上げる前よりもスポット報酬が増加した。これには、大きく2つの理由がある。

1つ目の理由として、チャージレートを引き上げるだけでなく、単発のご相談については、一律10万円（現在は15万円）で対応するようにしたことが挙げられる。

このことにより、質問する側からしてもわかりやすい報酬体系になったため、むしろ相談が増えていると感じている。

もう1つの理由として、マイナス金利の影響により、金融機関がフィービジネスを強化したことが挙げられる。

金融機関と会計事務所が提携することにより、コンサルティング業務を行うことは一般的なことであるが、顧問契約を結んでいないクライアントに対しては、十分な情報を得ない段階で提案せざるを得ないことも多いため、工数が過剰に見積られたり、オーバースペックになっていたりすることがある。

そういった提案を受けたクライアントに対しては、顧問税理士と協力したうえで、リーズナブルな報酬でお引き受けすることができる場合がある。

当事務所のチャージレートは10万円／時間に引き上げられているため、本来であれば考えにくいことであるが、当事務所のほうが報酬総額が安くなることがあり、結果的に受注できていることがある。

◆ セミナーの増加

2017年には組織再編税制の改正、18年には事業承継税制の改正がそれぞれあったため、セミナーの依頼が多かった。

19年以降は、株式会社ビズアップ総研との専属契約により、セミナーの件数は減少することから、セミナーの売上は減少することが予想される。

この点については、固定報酬、スポット報酬が増加していることから、許容範囲であるし、そもそもセミナーで儲けるつもりもないので、セミナーの売上の減少はやむを得ないと考えている。

事務所が大きく成長した瞬間

● 才木正之 の場合 ▷▷▷

◆ メンバーが自走しだした

　私は、経営者として3年目である。それまでは、現ファウンダーの小笠原が経営者で、私は経営幹部メンバーとして経営に携わってきた。

　会計事務所の業績は、固定報酬比率が高いため、未来予測がしやすい業種である。したがって、業績見込みが明るいときは、モチベーションも高く取組みもしやすいが、先行きが暗いときには、シビアな数値を目にしてモチベーションが下がる。

　そのような経営環境のもと、目標管理を行いながら経営してゆくので、役員メンバーの数値予測は、シビアに行い、かつ業績予測も大きく乖離することなく着地していた。

　しかし、2014年からは、その役員予測の売上・利益予測を上回る結果が出てきた。「どうして、このような結果になったのか？」と議論した結果、役員が想定している以上のペースで業務を推進していたり、営業活動自体も想定量を上回る活動量を発揮して行ってくれていたことがわかった。

　その時思ったのは、過去は、様々な事柄に対して、先回りして事細かく指示をしていたことだ。それが、自分たちの想定より上振れした瞬間、「経営幹部に細かく指示を出さなくとも、メンバーは私たちの期待以上のパフォーマンスを発揮することができるんだ」という認識が生まれた。

　それ以来、各リーダーメンバーに権限を委譲して、任せるようになったと感じている。

◆ サービスメニューを増やしたとき

弊社でのキャリアパスとして、以前は税務のスペシャリストになるのか、経営コンサルタントになるのかという二者択一しかなかった。

過去に、弊社を退社したメンバーから、「自分の将来像を描いた時に、御堂筋税理士法人には、そのサービスは存在しなかった」と言われた時は、ショックを受けた。

その時から、メンバーがチャレンジしたい仕事を用意したいという想いが醸成され、新たな領域の仕事にチャレンジしようとメンバーに訴えた。

現在では、M&A・事業承継サービス、個人資産税サービス、人事コンサルティングサービス、IT ソリューションサービスという新サービスを打ち出すことができた。

◆ 退職者が減った

過去には、新卒で3名入社して、全員退職した年や、新卒と既卒で3名入社して、1年後に1名しか残らなかった年もあった。

そこで、退職者へのヒアリングを欠かさず行い、経営理念の「物心両面の幸福を追求する」とは、どういうことなのかを幹部メンバーで議論し、様々な取組みを行った。その結果、ここ1年間は退職者なしという結果になった。

まだ1年だが、メンバーのモチベーションは全体的に高まっていると感じている。このまま成長発展を継続したい。

事務所が大きく成長した瞬間

● 菅　拓摩 の場合 ▷▷▷

◪ 初めて組織を変更した時

　2004年、ある幹部の敵対的な退職により、事務所の収益が大幅に悪化した。昨年対比で売上は10%、利益が30%以上減少した。この時、既存の幹部の既得権益を発展的に解消し、新しい役職者を8名任命した。

　現在の部課長以上には、この時任命した者が6名含まれている。組織変更によって、すぐに売上が上がることはなかったが、人財教育の面では大きな成果があったと考えている。

◪ 福岡オフィスの開設とアップパートナーズ本部の移動

　2006年に福岡オフィスを作ったが、小さな雑居ビルの一室に、「こびとの国」といわれるような背の低いパーティションを配置しただけであった。スタッフも経験の浅い税理士1名と3名のスタッフで、近隣のクライアントは3件という状態であった。

　1年半後に税理士法人アップパートナーズの設立があったが、福岡での知名度がないため営業面ではかなり苦戦し、年間500万円程度の増件であった。

　その後、その若手税理士が独立したため、2010年に私が福岡に異動することになった。また、本部機能を福岡に移すため、博多駅近くの新しいビルに移転し、20坪から75坪に増床した（現在は150坪）。これが福岡オフィスの転機となった。

　2011年からは医療関係を中心に平均して3,000万円、最近3年間は4,500～7,000万円の顧問料増収となった。グループ全体でも税務部門は2011年からは平均5,500万円の顧問料増収、さらに労務部門も福岡オフィスを中心に平均1,500万円の増収となっている。

◪ 優秀な人財の入社

　佐賀県のみで活動していた頃は、正直それほど難しい税務案件はなかった。あっても、他の事務所に話が行っていたのではと思う。自社では、企業再生に伴う会社分割、合併くらいのもので、そうした業務に未経験の私とスタッフでもなんとか対応することが可能であった。

　しかし、本部である福岡オフィスが拡大するにつれて、企業価値算定やデューデリジェンス、上場企業の税務など、求められる難易度とスピードが上がり、業務の幅も広がって困っていた。

　そんな時、トーマツ出身の簑田晴香税理士が入社してくれたおかげで、私の業務負担がかなり減った。

　さらに、同じくトーマツ出身の鈴木導仁税理士（現本部長）が入社してからは、彼にしかできないような難易度の高い案件が不思議と来るようになった。

　さらに、デロイトトーマツ ファイナンシャルアドバイザリー出身の古舘慎一郎会計士がM&Aの専門員として子会社の代表に就任するなど、以前からするとかなり人財の厚みが増してきたように思う。

　若いスタッフも彼らを目標としていて、とてもよく勉強する。スタッフが充実したおかげで、私は提案書作成などの実務が減り、情報収集や新規先の訪問、講演等に費やす時間が増えた。

　良い意味で分業ができていると感じている。

事務所が大きく成長した瞬間

● 佐藤信祐 の場合 ▷▷▷

◀▶ 出版活動によるブランドの確立

　当事務所では、組織再編に係る執筆活動を活発に行っている。PART①でも述べたように、ランチェスター戦略に従い、組織再編に係る執筆活動で1位のポジションを手に入れ、講演活動につなげたうえで、本業であるコンサルティング業務につなげていこうとしたからである。

　開業後、かなり早い段階で、組織再編税制の専門家としての知名度が高まり、チャージレートを3万円／時間、5万円／時間に引き上げることができた。

　その後、リーマン・ショック、東日本大震災による景気の悪化があったが、この段階では、景気が悪化しても、M&A、組織再編の分野から撤退する必要がないという程度のブランド力であり、今ほど事務所が成長したとは感じていなかった。

◀▶ 年齢が解決することもある

　私の場合には、28歳で開業をしたこともあり、安く仕事をしてもらおうという人たちは、少なからず存在した。あまりくわしくは書けないが、若いうちに独立すると、嫌な思いをたくさん経験することがある。

　不思議なことであるが、40代、50代の中には、20代、30代との上下関係を作れて当然であると思っている人達がいる。また、開業して軌道に乗ると、同世代からの嫉みというものもある。

　その傾向は、35歳くらいから変わっていった。60代、70代で仕事ができる人達は、20代、30代に対して謙虚な態度で接している。35歳を過ぎると、上下関係を作って利用するために近づいてくる人がいないわけではないが、そんな人とビジネスしても、何らメリットがないことが明らかであるため、うまく対処できるようになってくる。

その傾向は、40歳を過ぎると明確になってくる。世代交代が進んでいくため、20代、30代に対して謙虚な態度で接することができない人は、マーケットからいなくなった。

自分も40代になったことから、60代、70代まで仕事を続けるためには、20代、30代に対して謙虚な態度で接することが必要であると感じている。

そう考えると、事務所が大きく成長した瞬間というのは、私が40歳になり、かつ、組織再編税制の大改正が行われた2017年だったと感じている。明らかに仕事は増えつつあるし、組織再編税制の分野における知名度が高まったことを実感している。

◆ 博士号の取得による影響は軽微

5万円／時間だったチャージレートを10万円／時間に引き上げたのは、2017年である。博士号を取得した瞬間であることから、博士号を取得したことによりチャージレートを引き上げることができたかのような誤解を持たれる読者もいるかもしれないが、博士号の取得とチャージレートの引上げは、まったく関係がない。

それでは、なぜこのタイミングだったかというと、大学院生活が終わったことにより、時間的な余裕ができたため、戦略的に報酬体系を考えるようになったからだ（報酬体系については後述「報酬の決め方」140ページを参照されたい）。

博士号を取得したことにより、話のネタになっているのは事実であるが、それにより仕事が取れるようにはなっていない。しかし、大学院に進学したことで、自分が成長したと感じることがある。それは、第1次文献に遡って制度趣旨を調べるという姿勢である。これにより、しっかりとした税法の解釈ができるようになったと感じている。

オリンピックの影響を
どう考えているか

● 才木正之 の場合 ▷▷▷

◪ オリンピックの影響は特になし

　弊社の本拠地は大阪である。お客様は全国対応しているが、オリンピックによる景気の影響は、大きくないと考えている。先述のとおり、リーマン・ショック時でも、弊社への影響は大きくなかったので、今回の2020年のオリンピック後の景気後退もそんなに影響が出るようには思えない。

　もちろん、コンサルティングサービスのスポット報酬が少なくなることはあっても、毎月のサービス提供に伴う固定報酬の減少にはつながらないと考えている。

◪ オリンピック以上に関西が熱い理由

　オリンピックも良いが、弊社の本拠地関西では、それ以上に今後は活況になると考えている。

　私たちの本拠地の関西は訪日外国人客（インバウンド）の約4割を占めるからだ。関西でのインバウンド消費額は1兆円を突破し、関西経済を牽引している。

　関西は、京都、奈良、和歌山を筆頭に世界遺産や世界有数の観光地が集中し、関西国際空港からのアクセスも良い。

　2019年は、高校生ラグビーの聖地・花園ラグビー場も会場となるラグビーワールドカップ（W杯）日本大会、さらに、主要国の首脳が一堂に会する20か国・地域（G20）首脳会議（サミット）が6月28日、29日に開催されるなど、世界的なイベントがめじろ押しだ。インバウンドに加え、国際会議の誘致などのMICE（マイス）ビジネス活性化に飛躍の年となりそうだ。

　さらに、2025年大阪万博も決まっており、カジノを含む統合型リゾート（IR）も決定すれば、さらに関西が活性化すると思われる。

　そのような長期的なトレンドをつかんで、お客様とともにチャンスをつ

かんでいきたい。

イベントに加熱しすぎない

オリンピック等のイベント景気に乗って、ビジネス展開することも重要であるが、人員増や拠点展開による固定費負担を増加してまで行うべきかは熟考しなければいけない。

このような特需景気対応は、個人的には、できるだけ変動費化しておきたいと考える。

なぜなら、固定費化してしまうと、イベント終了後のそのメンバーの仕事の確保が困難だからだ。

イベント終了後の経営イメージができているのであれば良いが、「とりあえず、この特需に乗って収益化すべし」というような行動は安易すぎると考える。

会計事務所も一営利企業なので、将来をイメージした経営に従事しなければ、社会的役割としては機能しない。

オリンピックの影響を
どう考えているか

● 菅　拓摩 の場合 ▷▷▷

◪ オリンピックの影響は地方では大きくない

　正直、オリンピックの影響は良くも悪くも実感できていない。

　しかし、アベノミクス、金融円滑化法、円安、株高、建設ラッシュ、地価高騰、相続対策ラッシュ、インバウンド等々のいろいろな要因が絡みあって、北部九州地区の中小企業の経営におおむね好影響を及ぼしてきたと思う。

　それら項目の1つの終着点がオリンピック開催ということだと理解している。

　オリンピックはある種の合言葉みたいなもので、オリンピック関連の建設ラッシュが終わっても、地方経済に与える影響はすぐには来ないだろうし、来ても限定的だと思うが、先に挙げた諸項目が逆回転しながら結合し、人々の消費心理が急速に冷え込めば、再び大きな不況が来ることも覚悟しておかなければならないと思う。

◪ オリンピックよりインバウンド

　今、九州では、中国やアジアからの旅行者をさらに呼び込もうとする動きが活発である。実感として、オリンピックそのものよりも、インバウンドが与える影響のほうがはるかに大きいと思われる。

　例えば九州有数の観光地である由布市（湯布院温泉）は、市の観光動態調査によると、2017年の外国人の宿泊者数は47万人でこれは全宿泊者数の12%を占め、対前年比202%となっている。

　日本人観光客数が横ばいの中、由布市の観光消費額が7%増えているのは、間違いなくインバウンド効果であろう。したがって、政治問題や、急激な円高、自然災害などで外国人が来なくなることは、街全体が死活問題にさらされる可能性を秘めている。

私達が職務として求められているのは、正しい納税云々はもちろんある
のだろうが、最も喜ばれるのはやはり節税である。

　しかし、利益が出ない企業に節税はない。そういった意味で、インバウ
ンドの影響は会計事務所にとっても大きいはずだ。

◤ 人口減少への対応

　地方においては、人口の減少こそが長期的な大問題である。弊社オフィ
スのある長崎市は、2045 年には現在の 42 万人から約 30％人口が減る予測
がされている。

　さらに言えば、生産年齢人口は 35％程度減るとの報告もある。同様に佐
賀県全体でも人口は 20％減少となっている。戦国時代の戦いでは、戦闘員
の 30％が戦闘不能になると、「全滅」と表現したようだが、生産年齢の減少
により、ビジネスにも多大な影響が出てくるだろう。

　一方で、福岡市（人口 153 万人）は今後も人口の増加が予測される。福岡
市の周辺の都市も長期にわたって微増、微減の予測となっている。

　よって、事務所経営を考えるならば、福岡地区でさらに知名度を上げる
べきとなる。

　そして、佐賀県、長崎県では、人口減少の中でも耐性がある産業、これ
から伸びていく産業の役に立てる会計事務所でなければ、縮小を余儀なく
されることと思う。

オリンピックの影響を
どう考えているか

● **佐藤信祐** の場合 ▷▷▷

☑ オリンピックによる売上への影響は軽微

実は、オリンピックによる景気の影響は軽微であると考えている。これだけ経済成長をした国で、オリンピックによる影響がそれほどあるとは思えないからである。

オリンピック後に景気が悪化するとすれば、それは別の要因であろう。リーマン・ショックから10年以上が経過したことから、世界的な景気の悪化があってもおかしくはない。

しかし、もし、リーマン・ショック級の景気悪化があったとしても、当時に比べて、当事務所の売上に与える影響は小さいと考えている。10年前に比べて固定報酬も増えているからである。もちろん、M&Aに係るスポット報酬は減っていくと思うが、事業承継に係るスポット報酬はそれほど減らないと考えている。

☑ オリンピック期間中は仕事にならない

しかし、オリンピック期間中は仕事にならないと考えている。かなりの渋滞、混雑が予想されているし、災害とは違って、事前にそれがわかることから、M&A、事業承継の案件も、前倒し、後倒しがあると考えている。

わかりやすい例として、セミナーの仕事が挙げられる。そもそもオリンピック期間中にセミナーを開催できるのだろうか。

オリンピックの2週間前くらいから大会関係者が集まってくるし、オリンピックが終わっても2週間くらいは観光客が日本に滞在するだろうから、7月、8月は、セミナーの開催は不可能であろう。

それもあり、2019年に行われるビズアップ総研のセミナーでは、すべて収録することを予定している。さらに、レガシィからも、19年には、組織再編税制の研修テープをまとめて収録する予定である。このタイミングで

収録しておけば、2020年に会場型の研修を受講できなくても、WEBや
DVDで研修を受講することができるからである。

　もちろん、20年も会場型のセミナーを行う予定であるが、オリンピック
後の混雑が解消された9月下旬以降になると予想している。

◆ オリンピックが終わってからが勝負

　PART[1]でも述べたように、当事務所では、今までの集大成として1,000
ページを超える単行本を2020年に出版する予定である。そして、前述のよ
うに、19年には、かなりの量のセミナーの収録を予定している。いずれも、
オリンピックが終わった後の営業活動に役に立つと考えている。

　もちろん、21年以降も出版を行っていく予定であるが、集大成としての
単行本が出版されれば、大きな税制改正でもない限り、出版のペースは落
ちていくと考えている。

　実際に、10年にグループ法人税制が導入された後に、12年に稲見誠一先
生と『実務詳解　組織再編・資本等取引の税務Q&A』（中央経済社）を出
版した後は、17年度税制改正までの間、出版のペースが落ちている。そし
て、セミナーも同様に、件数が減少することから、本業に力を入れること
ができるようになる。

　そのため、オリンピックが終わってからが勝負であると考えている（詳
細については、後述「今後の事務所の事業展開について」146ページを参照
されたい）。

　オリンピックが始まるまでは、オリンピック後の営業活動に支障が出な
いように、オリンピック前に終わらせられる仕事は終わらせておきたいと
思っている。

　オリンピック期間中は、どうせ仕事にならないし、ミーティングも電話
会議が中心になるだろうから、東南アジアの周遊を考えている。東南アジ
アにいても電話会議には対応できるからだ。

同業他社の動向と事務所の戦略・対応

● 才木正之 の場合 ▷▷▷

◆ 会計事務所の寡占化

　税理士登録者数は7万4,000人、会計事務所数は3万2,000といわれる会計事務所業界のプレーヤーの分布。会計業界は、日本の事業所380万社を約3万事務所で支援する「超シェア分散型業界」である。

　自動車のシェア分散では、トヨタ、ホンダ、日産、マツダというブランド企業でシェアされている一方、事業を営む会社のほとんどが、どこかの会計事務所に業務を委託している。これほど普及率の高い業界はない。

　また、税理士の平均年齢は全国平均で約65歳超だ。ちまたで65歳というと定年のようなイメージがあるが、税理士の場合には少し様子が違う。

　現在、税理士の60％以上が60歳代以上とのことだから会計事務所の事業承継問題も業界内では大きいと思われる。

　以上のことから、これからは、会計事務所のM&Aが活発に行われ、市場は寡占化されると考える。ビッグ4に続いて独立系の大手会計事務所、地域の大規模事務所の知名度が高まり、そこに人的資源は、M&Aか一般求人かを問わずに集中するものと考えられる。

◆ 会計事務所の戦略

　会計事務所の戦略は、大きく3つに分かれる。①特化戦略、②経営サポート戦略、③ローコスト・オペレーション戦略である。

① 特化戦略

　これはテーマ特化・業種特化がある。テーマ特化とは、資産税特化・事業承継特化・海外税務特化など、顧客が解決したい課題にフォーカスした戦略である。業種特化は、飲食・美容・建設といった業種に絞ったサービスメニューを整えてマーケティングを展開する戦略だ。佐藤信祐先生は、完全に特化戦略だと考えている。

② 経営サポート戦略

これは経営支援を展開する戦略だ。いわゆる MAS（Management Advisory Service）を会計事務所のビジネスモデルに組み込み、黒字とキャッシュを増やす支援を持つ戦略だ。この戦略はもともと高付加価値モデルであり、かつ、お客様の成長とともに報酬も上がることにより、高い生産性を保ちながら成長経営を実現できる。

③ ローコスト・オペレーション戦略

市場が望む機能にターゲットを絞り、ローコスト・オペレーションを実現して市場を開拓していく戦略はターゲット企業がアーリーステージの場合や社内間接人員を持たずにオペレーションしたい経営者に有効である。

もちろん、根拠のないローコストは継続できない。最大限のローコスト・オペレーションを実現する体制や仕組みをいかにつくるかが鍵となる。ただ、正社員を雇用して成長経営を継続するには限界がある。どこかのタイミングで高付加価値化シフトする戦略が必要になる時期が来ると思われる。

◪ 御堂筋税理士法人の立ち位置

弊社は上記①②の特化型であり、経営サポート戦略をとっている。規模は追い求めず、それぞれのスタッフの実現したい領域で、特化戦略をとり、お客様に寄り添いながら、一緒にソリューションしていく状態を目指す。

ローコスト・オペレーションの戦略は、現在の弊社の経営環境では、とりづらい戦略だと感じている。いつか、チャレンジすることがあるかもしれないが、当面は、スタッフの仕事のやりがい、成長イメージを重視したいため、特化型経営サポート戦略の道を歩みたいと考えている。

同業他社の動向と事務所の戦略・対応

● 菅　拓摩 の場合 ▷▷▷

◘ 他の事務所は気にしていないが

近隣の同業他社の情報は実のところあまり入ってこないし、あまり気にしていない。また、近隣の会計事務所の所長とはほとんど付き合いがない。

ただし、確たる情報ではないのだが、全国大手の会計事務所の福岡支店で、勤務の過酷さから大量離職が発生し、非常事態になっているという話を多方面から聞いた。

近隣事務所の大量離職の話は、過去にも数度聞いたことがあるが、いずれも元々離職率が高いと噂されていた事務所であった。

かくいう弊社も、私が入社した頃は 20%以上の離職率であり、毎月歓送迎会が行われていたため、かなり意識して経営改善してきた。というか、規模拡大で得た利益の大半をスタッフの待遇改善に充ててきたと行っても大袈裟ではないと思う。

◘ スタッフが先。身内を優遇しない

例えば、所長先生が年収 3,000 万円で、資格のない副所長が年収 500 万円では、私なら馬鹿馬鹿しくて辞めると思う。

また、実力を伴わない所長の息子が年収 1,000 万円で、20 年間勤務のベテランスタッフが年収 500 万円なら、やはり辞めるだろう。

そのような当たり前のことを、経営をアドバイスすべき立場の税理士がどうしてわからないのか、不思議でならない。少なくとも私が所長の間はそのようなことは行わない。

◘ スタッフへの還元率を高める

東京や大阪の税理士仲間に聞いた話では、担当売上の 30%を給与として還元している事務所が多かった。

弊社は5年目の主任クラスで40％であり、さらに数多くのインセンティブ報酬がある。例えば、新規顧客獲得には契約直後に年間顧問料の20〜30％を支払っている。

スタッフを甘やかしているというご批判もあると思うが、私は規模で額を稼げば良いと思っている。

かつて20％を超えていた離職率は最近は5年平均で5％を切っており、定年以外で重要な人財が辞めたということも、誰かが他社に引き抜かれたという報告もない。現在の給与制度はそこそこ機能していると思っている。

◆ 医療特化事務所としての取組み

近隣で医療特化を標榜する事務所は増えているようだが、弊社の増件スピードはむしろ上がっており、脅威を感じることはない。

しかし、決して安穏としているわけではなく、さらなる情報提供、サービスを構築中である。

弊社は、歯科の売上分析をデータベース化して提供しており、これを基に経営を管理している先生方が多いが、さらに財務を連動させて、あらゆる項目で、あらゆる設定での他院との比較を提供したいと思っている。医科も同様である。

また、規模を活かして、様々なマーケティング調査を行い、その結果をクライアントに提供することも検討中である。

こうした取組みには少なくともシステムで500〜1,000万円程度、さらにスタッフやクライアントの協力が必要だが、2年内には問題なく達成できると思っている。

同業他社の動向と事務所の戦略・対応

● 佐藤信祐 の場合 ▷▷▷

◪ 組織再編税制の専門家は減っていった

2010年にグループ法人税制が導入されたが、同じタイミングで組織再編税制のグレーゾーンはかなり減っていった。

財務省や国税庁の公式見解が出れば、それをクライアントに伝えれば良いため、「組織再編税制の専門家」が必要になるタイミングは減っていった。

リーマン・ショック、東日本大震災の影響もあったのかもしれないが、組織再編税制の専門家と言われていた人達も、引退をしたり、違う分野に移ったりしている。

個人的には、世代交代の影響が大きいと感じている。2001年に組織再編税制が導入されたタイミングで、会計監査の仕事から税務の仕事に移ったが、幸いにして、組織再編の仕事ばかりをしていた。

私がトーマツに勤務していた時に、組織再編チームの中核にいた人達も、ほとんどが引退している。2001年に組織再編チームができた時は、私は24歳であった。トーマツでマネージャーになったのは、2004年であり、まだ27歳であった。

組織再編税制を専門とする人の中で、私が圧倒的に若く、国税庁による組織再編税制の解釈が定まらない時代に、様々な経験をすることができた。

グループ法人税制が導入された後に、組織再編税制を専門にしようとしても、改正経緯までは理解できないため、組織再編税制が導入された時から組織再編税制の専門家だったという点は、私の強みだと感じている。

◪ ビッグ4と品質で対等に戦える事務所へ

それでは、当事務所が、組織再編税制の分野において意識しなければならない相手は、ビッグ4である。もともと私が独立した2005年には、組織再

編税制の専門家は、ビッグ4の中にしかいなかった。中小企業には、組織再編税制がまだ浸透していなかったからである。

現在では、中小企業にも組織再編税制が浸透しているが、組織再編税制の専門家を雇うだけの案件を抱えている事務所はほとんどない。資産税を専門とする会計事務所の顧問にもなっているが、資産税の分野と組織再編税制の分野は、やや違うものだと感じている。

そう考えると、どうしてもビッグ4を意識したうえで、どうやって品質を維持するのかを考えざるを得ない。

◆ ビッグ4とは棲み分けが可能

しかし、ビッグ4と仕事を取り合っていくことになるかと言えば、そういった事案はそれほど多くはないと考えている。

もちろん、ビッグ4と相見積もりを出させられたことはあるが、ほとんどの案件では、ビッグ4との使い分けがなされている。

当事務所がストラクチャーを考えて、ビッグ4が税務意見書を作成した事案もあれば、当事務所がコンサルティングを行って、ビッグ4が申告書を作成した事案もある。

これは、社内の稟議を通すためには、ビッグ4が関与していたほうが望ましいからである。また、デューデリジェンスのような大量の人員が必要な仕事は、どうしてもビッグ4に頼らざるを得ない。

しかし、ビッグ4と異なり、スピード感のある対応、グレーな論点に対する税務上の判断が求められることがある。

さらに、会計・税務のアドバイスだけでなく、それを前提としたうえで、ビジネスにプラスになるアドバイスができる税務専門家というニーズも少なくない。

どうしても組織に属していると、会計・税務だけのアドバイスに留まってしまいがちだが、それを超えたアドバイスが期待されることがある。そういう意味では、ビッグ4との棲み分けは可能であると考えている。

異業種からの参入の脅威について

● 才木正之 の場合 ▷▷▷

◆ 金融機関

税理士法上に規定する業務は別として、経営コンサルティングサービスについては、金融機関は、今後もサービス強化を図ってくると予想している。弊社のターゲット企業である売上高3億〜100億円企業は、メガバンクや地方銀行のターゲット顧客になると思われるので、サービスコンペティターとなりうる。

また、キャッシュレス化が進み、デジタルデータでの経理業務が進んだ場合、金融機関が決算書情報自体をデータで組み上げて、税務申告のみを会計事務所に下請け発注することもありうる。

そうなると、作業ベースの競合となるので、コスト競争はさらに激しくなり、寡占化した大規模事務所しか、税務申告業務では対応できなくなるのではなかろうか。

◆ 保険代理店

また、経営アドバイザリーサービスの切り口では、生命保険代理店業、損害保険代理店業の方々がサービス提供することは考えられる。もともと、保険代理店の営業パーソンは、金融機関出身者も一定数存在し、その他の営業業務経験者も多い。

したがって、もともと持っている彼らの強み、金融機関時代に培った財務知識や営業時代の営業スキルを駆使して、サービス提案を行い、その企業に合ったソリューションを提供することは、それほど難しくないと考えられる。

実際問題として、会計事務所のスタッフは、職人気質のメンバーが多い。そもそも、営業職が苦手で、専門知識を活かす職種として会計事務所を選択したという人間も事実多い。

そんな会計事務所スタッフと、保険代理店スタッフとがサービス競合でプレゼンしたら、どちらのサービスをお客様は選ぶだろうか？

◆ コンサルティング会社

PART②「同業他社の動向と事務所の戦略・対応」（88 ページ）で述べた特化戦略については、そもそもコンサルティング会社がプレーヤーとして存在している場合が多い。

例えば、船井総研のような様々な業種特化をしながら、マーケティング・プロモーションのサポート、採用・人事戦略のサポートを行っている会社もある。

コンサルティングサービスは、問題解決しなければ、お客様のサービス満足度は上がらない。

したがって、会計事務所のサービスであろうが、コンサル会社のサービスであろうが、提供元は関係ない。結果のみで判断される。

この領域は、各サービスや業種の特化具合で、お客様は最終意思決定を行い、サービスを受けることになる。

これからは、さらにその領域が、IT 促進や海外人材の採用・教育と幅広く展開され、それぞれの専門性が問われることになる。

異業種からの参入の脅威について

● 菅　拓摩 の場合 ▷▷▷

◪ クラウド型会計ソフトメーカー

　「クラウド会計」というか、AI搭載の会計ソフトによって、税理士の業務が激減するという考え方がある。

　たしかに、税理士に顧問料を支払うことが難しい、独立したばかりの新規事業者はそうしたソフトを検討する傾向にあるが、現状、MFクラウドにしても、freeeにしても、アドバイザーなしで導入、運用することはかなり困難であると思われる。まして、申告業務を事業者自ら行うことは、相当ハードルが高いように思う。

◪ 経理が嫌いな人は多い

　また、弊社のクライアントには、「経理は面倒だし、やりたくない」という方がとても多い。特に医療機関の奥様がその典型である。

　そうしたこともあって、弊社では自計化は全く勧めていないし、領収書の貼り付けなども強制しない。理由は、お客様が嫌がることを強要するのはビジネスではないと思うからである。

　逆に、クラウド日計表アプリを開発して、クライアントには無償で配り、奥様の手間を省いている。また、相応の料金をいただき、弊社で各種の入力を代行しているが、人の心理がクラウドソフトの進化によって5年以内に変化するとは考えにくい。

◪ もし銀行が経理代行したら？

　現在、銀行とはこちらが融資やコンサルティング案件を紹介したり、事業承継スキームを提供するなど、とても良好な関係にある。しかし、生命保険提案やM&Aの分野で競合する場面はある。

　もし、銀行が安価で経理業務を代行するようになれば、税理士業界にと

って強力なライバルになるかもしれないが、他の記帳代行業者がそうであるように、おそらく日本国内で事業を行う分には採算が取れないであろう。

◘ 海外で記帳業務を請け負うビジネスは成り立たない

では海外の例えばインドネシアやベトナムなどで、しかも大規模に行う必要があるにもかかわらず、そのような事業を地方の銀行が行うかといえば，かなり疑問である。

また、中国がそうであったが、海外に資料を提出することに嫌悪感を示すクライアントは少なくない。

さらに、資金使途のすべてを銀行にさらけ出すことを嫌がる人も多いので、金融機関との競合はあまり心配していない。

将来、完全にキャッシュレスとなり、すべての会計処理を AI が行うようになれば話は別だが、その時は税理士事務所も同じように AI による業務を行うであろうから、即座に業界から仕事が消えるとは考えていない。

ただし、以前に増して、周辺技術の発達についていかなければ、企業として淘汰されるのは間違いないだろう。

異業種からの参入の脅威について

● 佐藤信祐 の場合 ▷▷▷

◀ 金融機関

　2～3年前には、あまり意識はしていなかったが、マイナス金利の影響もあり、金融機関と会計事務所がタッグを組んでコンサルティングを行う事案や、金融機関からの紹介により会計事務所がコンサルティング業務を受注しようとしている事案が増えているように思われる。金融機関もフィービジネスを強化しようとしているからだろう。

　これに対しては、あまり脅威を感じていない。十分な情報を得ない段階での提案であることから、工数が過剰に見積られたり、オーバースペックになったりするからである。その結果、組織再編コンサルティングに対する報酬の相場が上がっており、当事務所が案件を受注しやすい状況は整ってきていると思われる。

　このような状態は、業界再編の中で減っていくと思われる。本来であれば、十分な情報を持っている顧問税理士が提案すべきであるが、そのためのノウハウが不足していることが多いからである。

　専門特化型事務所ではなく総合型事務所で、事務所の中にコンサルティング業務に対応できるチームを作るためには、事務所の規模が大きくならないと不可能である。

　すなわち、業界再編により会計事務所が巨大化していけば、顧問税理士がコンサルティングをしていく時代に変わっていくであろう。

　その結果、後述の「東京から地方への参入の可能性」（104ページ）で述べるように、当事務所としては、地方の会計事務所を支援するビジネスが増えていくと考えている。

◀ 法律事務所

　異業種からの参入において、最も脅威に感じているのは弁護士である。

申告書作成業務に参入してくるとは思えないが、税務コンサルティング業務には参入してくる可能性は極めて高いと思っている。

M&A、組織再編、事業承継の仕事は、法務を理解していないと対応できない仕事も多く、われわれが法務を勉強する時間と、弁護士が会計、ファイナンスを勉強する時間がそれほど変わらないのではないかと感じている。

そう考えると、税務コンサルティング業務に弁護士が参入してくる可能性は十分に考えられるし、それだけの能力もある弁護士も多いと考えている。

◆ コンサルティング会社

最近、脅威に感じているのは、コンサルティング会社の存在である。弁護士よりも法務にくわしい人がいたり、公認会計士や税理士よりも税務にくわしい人がいたりすることが多いからである。

もちろん、資格が必要な仕事ではないことから、ほとんどのコンサルタントは、弁護士よりも法務はくわしくないし、公認会計士や税理士よりも税務にはくわしくない。

ここで述べているのは、あくまでも例外中の例外ではあるが、チャージレートを10万円に引き上げた頃から、そういった人たちと知り合う機会が増えてきた。

彼ら・彼女らは、具体的な事案がなかったとしても、組織再編税制の一般的な疑問を解決するために、10万円／時間のチャージレートで質問をしてくるし、自分が疑問に思っていることを解決するためだけの研修会を依頼してくることがある（研修会であることから他の受講者もいるが、いつも質問をしてくるのは、一部の人だけである）。

もちろん、税理士法の問題があることから、コンサルティング会社が、税務コンサルティング業務に進出してくることはあり得ない。

しかし、彼ら・彼女らが、税務の問題が起きないように対応すると、税理士の出番は減っていくことが考えられる。

東京から地方への参入の可能性

● 才木正之 の場合 ▷▷▷

◆ ブランド力

　東京で働いたこともなければ、本格的にビジネス展開したことがないので、このテーマについて語る資格はないと思われるが、「東京で一世を風靡したサービス」というブランディングで、地方参入することは、容易に想像ができる。

　ただ、東京は、市場も大きいし、かつ受注単価も高いと聞いている。わざわざ、東京から地方に進出する目的は何か？　と考えると答えに困る。

　一般的に、会計事務所の業務は労働集約型モデルであることを前提で話を進めると、東京から地方への参入は、考えられない。

　従来の労働集約型モデルでなく、WEB中心のサービスを展開するような場合は、東京から地方への参入の可能性はありうるかもしれない。

◆ ボトルネックは人

　東京・地方問わず、人材採用・育成・評価の問題は、どの地域でも付きまとう問題であろう。この問題解決の鍵があるとすれば、Uターン就職ということであろうか。

　東京の大学を出て、東京で就職、結婚そして家族が増えたのち、実家の問題で、Uターン帰省・再就職を余儀なくされるというようなパターン。または、故郷をこよなく愛し、東京で習得したノウハウを地元の活性化のために役立てたいという人も一定数おられるだろう。

　話は、少しそれるが、弊社のお客様に地域連携協定を締結して、食材を提供している居酒屋チェーン店がある。

　そのお客様は、高知県土佐清水市、青森県、熊本県の各行政と連携協定を締結して、それぞれの産地の食材を提供する。

　実際に、東京の高知県・土佐清水市との連協協定の「土佐清水ワールド」

にて、東京に住む土佐清水出身の方々が集まり、「土佐清水をもっと元気にするぞ！」とおっしゃっていたことがあった。

　そのような故郷を愛する人材はいらっしゃるが、事業を継続できるほどの人材を確保することは厳しいだろう。

◆ IT ツールの革新

　人がわざわざ、出張して話さなければいけないことは、どれだけあるのだろうか？

　5秒でつながるオンラインルーム「ベルフェイス」というWeb会議システムのツールがある。ウェブ面談を通じて数百万円までの商材・サービスを販売してしまおうという、移動時間の削減を意識したシステムだ。

　確かに、フェイス トゥ フェイスで伝えなければいけないことはある。しかし、フェイス トゥ フェイスでなくても良い場合もあるはずだ。

　この発想の先に、東京と地方都市との地理的ギャップを埋めるサービスによって、東京から地方への参入が、もっと容易に行われることも考えられるだろう。

　2020年に本格的にサービスが始まる5G（第5世代移動通信システム）が普及すると、想像を超える快適さが生まれるといわれている。

　そうなると、移動時間が必要なく、ダイレクトコミュニケーションが取れる。SF映画の世界で見ているような光景が目の前に広がれば、東京も地方も関係なくなるかもしれない。

東京から地方への参入の可能性

● 菅　拓摩 の場合 ▷▷▷

◪ すでに福岡には大手が出店済み

　すでに、東京の大手事務所は多数福岡に支店を出している。しかしながら、大規模な出店を行っているところはまだない。現状、大手事務所の支店はおおむね、次の2つのタイプに分けられる。

- 東京からスタッフ全員が派遣されるパターン。
- 福岡の事務所を M&A して、本部から1〜2名の管理者が来るパターン

　前者については、中堅規模（売上50億円クラス）の関与先の獲得や事業承継対策の受注において、コンペになることが多いが、これまではおおむね弊社が受注をいただくことが多く、それほどの脅威とは感じていない。
　しかし、求職者にとってはネームバリューがあるため、雇用面では東京の大手事務所と競合し、苦戦した時期がある。
　後者については、所長の高齢化や病気、顧客減少で経営状況が悪化した事務所が身売りしている印象で、経営的にも M&A 後にスタッフが集団退職するなどうまくいっていない話をよく聞く。

◪ 佐賀や長崎の出店は難しい

　では、佐賀や長崎へ東京の会計事務所が来るかといえば、これは相当ハードルが高いと思われる。東京でのネームバリューが役に立つとは思えないし、むしろ逆に作用することもあるだろう。
　雇用の面でもかなり苦戦すると思われる。地元の大型事務所が、東京の大手に身売りすれば話は別かもしれないが、仮に佐賀県に全国区の大手が独力で出店したとしても、その影響力は微々たるものになると思う。

◆ Web 会議によるボーダーレス化

弊社は九州地区以外の遠方のクライアントでも毎月契約をいただいている。

地域は沖縄、山口、広島、愛媛、神戸、奈良、富山、神奈川、東京で、総数は30件ほどである。そして、その約半分はWeb会議による経営報告を行っている。

リアルに訪問する臨場感こそないが、業務としてはきちんと成立しており、クレームは今のところ皆無である。

昨今、IT系の企業は営業自体をWeb会議で行っているが、会計事務所でも相談業務をWeb会議で完結することは可能であろう。

すると、東京、地方という垣根は失われることになる。

もちろん、これは東京の会計事務所、地方の会計事務所、双方にとってビジネスチャンスが広がることになるだろう。

東京から地方への参入の可能性

● 佐藤信祐 の場合 ▷▷▷

◆ コストの問題

　東京から地方の案件を受注するのは、コストの問題が大きいと思われる。すでに受注が決まっている案件に対応するだけでも、移動のための時間やコストがかかりすぎる。受注できるかどうかわからない案件のために、わざわざ地方に行くというのは、あまりに割に合わない。

　また、東京の中堅事務所が地方に支店を出そうとしても、それなりの仕事が受注できないとコストの問題が大きい。そもそも東京に比べて、絶対的な案件数が少ないからである。

◆ 人材の問題

　さらに人材の問題も大きい。東京には、上場会社という転職先があることから、5〜6年前から都内の労働市場は大きく変わったと感じている。ビッグ4で働いた後に、それ以外の会計事務所への転職する人は、かなり減ってきていると思われる。

　ある地方の会計事務所の人に、「東京の大手会計事務所が精鋭を連れてきたら勝ち目はない。ただし、彼らの精鋭は東京と海外に集中している。だから、この地域だけであれば、われわれは圧勝できる」と言われたことがある。

　確かにそれはそのとおりであり、優秀な若手が就職先として選ぶのは、東京の大手か、自分の地元の会社であろう。

　そう考えると、地方に進出しようとしても、人材面から、地方の会計事務所に負ける可能性がある。これも業界再編により顕著になっていくと考えている。

　地方銀行が残ったように、地方の会計事務所も残っていくであろう。そう考えると、中長期的には、それぞれの地方都市において、大型会計事務

所が誕生していくと考えられる。

◆ 当事務所の戦略

　「アベノミクス後の経済変動と事務所への影響」（74 ページ）で述べたように、当事務所では、スポット業務の増加が期待できる環境にある。

　しかし、都心地域、副都心地域（以下、「都心・副都心地域」という）とそれ以外の地域では、仕事のやり方を変えないといけないと思っている（都心地域、副都心地域の範囲については、「今後の事務所の事業展開について」（146 ページ）参照）。

　M&A の仕事をしていると、田舎に行けば行くほど、案件が小さくなればなるほど会社は売りにくい傾向にあると考えている。やはり都心・副都心地域のほうがビジネスをしやすいのは仕方がないことである。

　コンサルティング業務についても同様のことが言え、都心・副都心地域の中では、顧問税理士がいたとしても、他の会計事務所にコンサルティング業務を依頼することに抵抗がないクライアントが多い。上場会社だけでなく、非上場会社でも、大手会計事務所と個人事務所を使い分けているところもある。

　さらに、最近では、ビッグ4から独立する後輩も増えてきたため、マンパワーの必要な案件は、彼らに助けてもらいながら対応することができるようになっている。そう考えると、都心・副都心地域の仕事はやりやすいと感じている。

　これに対し、都心・副都心地域の外では、それぞれの地元で知名度の高い会計事務所が存在することから、仕事を取りにくいという問題がある。

　また、コストの問題もあり、地元の会計事務所のネットワーク、マンパワーと、東京の個人事務所のノウハウを組み合わせた形は、かなり効率的であると考えている。

　そう考えると、都心・副都心地域の外では、地元の会計事務所と連携したビジネスのやり方になっていくと考えている。

地方から東京への参入の可能性

● 才木正之 の場合 ▷▷▷

◀ 市場は活況

これは、まさしく御堂筋税理士法人の東京進出と同じテーマとなる。実は、10年前に東京にサテライトオフィスを構えて進出しようとしたことがあった。

しかし、出張ベースでの拠点展開は、実現が厳しいと判断し、2年で撤退。

現在も、東京進出は、いつも議論には上がるが、再進出というところまでは踏み切れない。友人の会計事務所経営者が、東京進出や地方進出を果たしている話も聞くが、とてもまねできないと感じてしまう。

一方、市場規模や案件内容をくわしく聞いていくと、東京は関西より高単価であり、継続性もあるように思われる。私たちのような小規模税理士法人が人ごと移動すれば、うまく機能するかもしれない。

◀ 問題は、人材

結局、10年前の失敗原因は何か、と問われると、適任者の不在ということになる。

拠点長という役職は、オペレーション業務はもちろんのこと、メンバーを含め拠点人材マネジメント、新規営業開発、オペレーション改善、クレーム処理、雑務すべてを責任をもって推進しなければいけない役職となる。

できれば、本社拠点のマネージャークラスが、東京新事務所トップとして赴任するのが理想である。

しかし、そこが労働集約型の会計事務所ビジネスモデルの問題点で、現状のお客様のサポート、部下のサポート業務を現事務所の拠点である大阪で行ってくれているので、なかなか英断できない。

現地採用で、「いきなり、責任者」という方法も考えたが、弊社の経営理念を理解した行動をとり続けることは可能だろうか？　という疑問がどうしてもつきまとい、現時点では再進出に至っていない。

◆ 近年中には再進出を……

しかし、近年中（2〜3年以内）には、再進出したいと考えている。大阪本社マネージャーの東京支店長赴任というパターンの再チャレンジ、または、キャリア入社のベテランスタッフの東京支店長着任というイメージも改めて視野に入れて検討したい。

私たちのような、小規模であるが総合型の会計事務所は東京でも少ないのではないかと感じている。したがって、必ず、東京市場でも弊社のターゲットである、売上3〜100億円規模の企業のニーズを満たすサービス提供はできると感じている。

そのためには、人材採用と育成のスピードアップが要求される。人材採用は、事務所ブランディングを進め、弊社の理念に共感される方々に選んでいただけるような採用戦略をとらなければならない。

求職者目線であれば、「物心両面の幸福を追求する」という一語に尽きる。この言葉の意味をより具体的に表現してゆきたい。

人材育成（一般用語として人材育成という言葉を使っているが、本当の意味では、本人のキャリア開発である）においては、自分は何のために働くのか？　その目的に沿った、キャリアはこの事務所に存在するのか？を私たち会計事務所オーナーが示すことができるかが問題だと感じている。

「一人前の税理士になってほしいから、これを勉強してくれ」は押し売りだ。双方合意のもとに、働くことにコミットし、自己成長できる仕組みを作っていきたい。

地方から東京への参入の可能性

● 菅　拓摩 の場合 ▷▷▷

◪ すでに東京に進出している事務所は多い

　すでに地方から東京へ進出している事務所はたくさんある。

　懇意にさせていただいている札幌の吉岡マネジメントグループ（代表吉岡和守先生）などはその典型だと思われ、東京も札幌に負けないかそれ以上の組織体となられている。

　実は、弊社も 2018 年に東京でテストマーケティングを行い、3 か月ほどで 12 件（うち医療関連 11 社）が契約に至った。その後の解約もなく、むしろ紹介をいただいている状況で、十分な手応えを感じている。

◪ 顧問業務は気力と体力次第か？

　ただし、家賃や人件費は地方よりも厳しい状況なので、経営自体が成り立つかどうかはまた別の問題だと感じる。地方では大手であっても、東京では零細なわけで、地べたから這い上がる気力が必要だ。

　逆に言えば、気力と体力さえあれば、顧問業務を獲得するのはそれほど難しくはない。何かに特化したノウハウがあればなおさらである。

　今後も地方の元気のよい会計事務所は、より大きなチャンスを求めて東京に進出してくるものと思う。

◪ 守備範囲を明確に

　佐藤信祐先生が得意とされているような組織再編業務は地方には案件があまりなく、ノウハウの蓄積が難しい。

　よって、もし弊社が東京に本格的に進出するとしたら、自分の守備範囲をどこに置くか？　を明確にしておく必要があると感じている。

　個人的には、医療系はもちろんだが、IT 系の会社の若い社長とお話するのはとても楽しい。自分を高める意味でも深く関与してみたい。

◆ 2年後に東京進出

実のところ、弊社は2年後（2021年）に東京にオフィスを出すことを予定している。

すでに税理士の人選は終わり、その彼は2019年7月から東京の著名な事業承継専門の税理士の下へスキル獲得のために出向している。

では、2年後、事業承継だけを専門とした事務所への展開を考えているかというと、それはハードルが高いと感じている。

やはり、得意分野の医療関係を中心に据え、守備範囲を明確にして一勝負してみたい。

地方から東京への参入の可能性

● 佐藤信祐 の場合 ▷▷▷

◆ コストの問題

　「東京から地方への参入の可能性」（104ページ）で述べた逆のパターンであるが、地方から東京の案件を受注するのは、コストの問題が大きいと思われる。

　もちろん、記帳代行といった仕事であれば、人件費の安い地域で対応するという考え方もありうるが、コンサルティング業務には、そういった考え方は成り立たないであろう。

　地方の会計事務所が東京に支店を出している事案をいくつか聞いたことがあるが、地元から東京に進出したクライアントに対する支援や東京の情報を収集するための拠点というイメージが強く、「地方の会計事務所が東京に進出してくる」というイメージは持っていない。

◆ 人材の問題

　さらに、人材の問題というのも大きい。地元では有名な会計事務所であっても、ビッグ4に比べると採用に負けてしまうからである。

　そうなると、地方の優秀な人材を東京に送り込むことを考えがちであるが、地元にも優秀な人材が対応すべき仕事があるはずなので、地方と東京の両方の仕事に対応せざるを得ない人も出てくる。

　地方の大企業が東京に進出するというのは他業種では聞く話であるが、少なくとも、会計事務所の業界では考えにくいと思っている。

◆ 当事務所の戦略

　そうなると、都心・副都心地域のクライアントには、都心・副都心地域の会計事務所が対応する形になるだろう。

　そして、当事務所としては、①当事務所が中心になってコンサルティン

グ業務を行う、②都心・副都心地域の会計事務所と連携してコンサルティング業務を行う、という2つの選択肢がある。

当事務所が中心になってコンサルティング業務を行うにしても、いろいろな形がある。

コンサルティング業務を当事務所が行って、顧問税理士に申告書作成業務を行ってもらう場合には、顧問税理士にストラクチャーの内容をご理解いただくとともに、申告書作成業務が円滑に行えるようにサポートしていく必要があるだろう。

そのほかにも、上場会社であっても、非上場会社であっても、大手会計事務所と個人事務所を使い分ける傾向にあることから、当事務所がストラクチャーを考えて、ビッグ4が税務意見書を作成することもあるだろう。

当事務所のノウハウだけで対応できない場合には、他の会計事務所と連携して対応することもあるだろう。10年前に比べて、ビッグ4や資産税専門の事務所からの独立も増えており、当事務所のノウハウだけでは対応できない案件であっても、彼らとの連携により、十分に対応することができるようになった。

これに対し、都心・副都心地域の会計事務所と連携してコンサルティング業務を行うということも考えられる。

コンサルティング業務が中心である会計事務所もあれば、規模の大きいクライアントの申告業務のためにコンサルティング業務を行わざるを得ない会計事務所もある。

実際に、当事務所が行っている会計事務所向けの顧問業務でも、都心・副都心地域の会計事務所も多いことから、今後も、様々なニーズに対応していきたいと考えている。

他の専門分野への進出の可能性

● 才木正之 の場合 ▷▷▷

◀ 事業承継

中小企業庁の調査では、自分の後も何らかの形で事業を承継させたいと考えている経営者は全体の95.1％を占める。

そのうち、後継者をすでに決めている企業は44.0％、後継者を決めてはいないが、候補者がいる企業は37.1％、後継者の適当な候補者もいない企業が18.9％となっているとのこと。

しかも、中小企業の経営者年齢の分布について見てみると、1995年の経営者年齢のピークが47歳であったのに対して2015年の経営者年齢のピークは66歳となっており、経営者年齢の高齢化が進んでいるとデータで示されている。

また、日本政策金融公庫の調査によると、15年末から20年までに廃業のリスクに直面する企業は推計で103万4,052社とのこと。

現実、弊社のクライアントでもM&Aや事業譲渡による企業統合も頻繁に行われている。この問題の解決は、日本の中小企業全体の問題として、取り組んでいきたいと考えている。

前述したとおり、事業承継という言葉の定義として、弊社では、「財産承継」と「経営承継」に分けてプランを検討する。

もともと、「経営承継」については、弊社は経営コンサルティング業務を行っていたアドバンテージがある。これからは、この両軸で、日本の事業承継問題の問題解決にチャレンジしたいと考えている。

◀ ITソリューション

本格的なデジタル時代の到来に鑑み、お客様のデジタル対応のコンサルティング業務にも注力していきたい。従来の会計事務所の業務は、過去会計つまり結果型フィードバックがメイン業務であった。

これからは、フィードフォワード（未来予測を行い、これからの行動を考える）思考のデータ共有が必要だと考えている。つまり、このままの行動の延長線上では、決算予測売上・利益はいくらになるのか？　という情報がリアルタイムで社内共有できる状態が必要である。

その状態を作ることができれば、目標達成予測時は、次の展開を考えたり、次の設備投資準備に取り掛かることができる。目標未達成予測の場合には、当初の計画の修正を余儀なくされ、改善行動の検討をしなければならない。

その軌道修正ができない企業は、厳しいかもしれないが市場から退出すべきだと考えている。企業は、試行錯誤の連続である。その試行錯誤ができない企業は、生き残れない企業である。

そのような環境づくりを IT ソリューション部で推進したいと考えている。

◆ 国際税務

弊社のお客様の中には、海外に生産拠点をもち、海外の市場に参入している企業もある。しかし、積極的にアプローチして、お役に立っているかと振り返ると、答えは「ノー」である。

これからの日本経済を考えた場合、労働人口の減少、超高齢化社会等の要因により、外国人労働者が増えることは間違いない。これから、政府の規制緩和も想像以上に速く進むと感じている。10 年後を想像するだけでも、外国人労働者、外国人資本の日本市場参入、そして日本の製品、サービスの輸出が加速するであろう。

その市場状態を想像すると、グローバル対応できる組織にしておきたいと考える。人材採用からの課題であるが、チャレンジしたい分野である。

他の専門分野への進出の可能性

● 菅　拓摩 の場合 ▷▷▷

◤ 経営の多角化

　弊社は父の時代に社会保険労務士を雇用したが、給与計算等の業務は税務スタッフが行ってきた。

　私が入社する頃には、ある程度の専門部署となっていた。これが紆余曲折を経て、「社会保険労務士法人かぜよみ」となり、グループの中核企業となっている。

　その後も周辺事業には挑戦してきたが、残っているのは、

- M&A の仲介
- 生命保険・損害保険販売
- 飲食業コンサルティング
- 司法書士業務
- IT コンサルティング

となっている。

◤ 多角化の今後について

　今後、進出する業務はすぐには浮かばないが、若手のスタッフが相続税の専門チームを作ろうとしているので、これは全力で支援しなくてはと思っている。

　また、現在、才木正之先生に会議運営コンサルティングをレクチャーいただいているが、最終的に弊社の中に事業部まで作ることができれば新しい収益の柱になるだろう。

　あと、IT 関連のシステム導入のコンサルティングはかなり有望だと考えている。クライアントからの要望も非常に多いので、事業として拡充していきたい。

ただし、どの事業もそうであるが、最初から収益が上がるわけではなく、むしろその逆であることが多い。

経験上、新規事業は所長1人でやらない限り、人件費を含めて1,000万円単位の投資が必要となる。

社労士事務所にしても、福岡に出店した初年度は赤字であったし、他の事業も同様である。

要は予算と企業体力次第というところであろう。

◖ 撤退のタイミングも大事

一方で、新規事業は撤退のタイミングに気を払っておかねばと思う。

ある先輩税理士は、新規の卸売事業を始める際に「5,000万円の累積損失が出たら撤退する」と周囲に語り、果たしてそのとおりに撤退した。

誤解を恐れずに言えば、その引き際は実に見事だった。

ユニクロの柳井正氏が、著書『一勝九敗』の中で書いてあるように、経営はすべての事業がうまくいくはずはなく、むしろ逆であろう。

致命傷になる前に引くときは引く。その判断、そして実行がとても大事だと思う。

他の専門分野への進出の可能性

● 佐藤信祐 の場合 ▷▷▷

◆ FAS

当事務所では、FAS業務を専門とする複数の会計事務所の顧問を行っているが、FAS業務そのものは行っていない。

これは、上場会社の要求に耐えられるだけの財務デューデリジェンスの品質を出すためには、ビッグ4におけるFAS業務の経験が必要になるからである。

しかし、中小企業が買い手になるM&Aでは、DCF（Discounted Cash Flow）法によるバリュエーションがなじまず、譲渡代金をどれくらいの年数で回収することができるのかという観点からのバリュエーションのほうがなじみやすい。

さらに、簿外債務のリスクから、事業譲渡方式、会社分割方式を採用すべき場合が多く、移転する資産及び負債を選別すれば、ビッグ4におけるFAS業務の経験が必要になることは多くはない。

さらに、中小企業、零細企業が売り手になるM&Aでは、オーナーやその一族との取引が多かったり、節税商品の利用や決算調整が行われていたりすることで、正常収益力がわかりにくくなっていることが多い。

そういった会社では、正常収益力をわかりやすくしてあげるだけで、高い値段で譲渡することができることがある。さらに、そういった処理をしてからでないと、買い手がつかないほど正常収益力が歪んでいる会社もある。

こういった売り手へのコンサルティングは、ビッグ4で行っているFAS業務とは毛色が違うだけでなく、マニュアル化が難しいため、新規参入の余地があると考えている。

◆ 事業承継

2018年度に事業承継税制が改正されたことに伴い、組織再編と事業承継

税制を組み合わせたコンサルティングのニーズが高まっている。

　もちろん、事業承継税制だけで済む案件のほうが多いと思われるが、当事務所に依頼が来る案件は、組織再編を利用して相続税評価額を引き下げる案件と、組織再編を行ってから事業承継税制を適用する案件のいずれかである。

　しかし、実務に従事してわかったことであるが、事業承継税制も複雑な税制であり、特殊な案件に関しては、難易度が極めて高い。そこで、事業承継を専門とする会計事務所と提携することとした。

　実際に、ある地方の会計事務所から依頼を受けた案件では、当事務所と事業承継を専門とする会計事務所がタッグを組んで後方支援をしたこともある。

　この経験を活かし、都心・副都心地域の案件を受注できるようにしたいと考えており、そのためには、事業承継の分野における専門家ネットワークを広げる必要があるとも考えている。

◆ 国際税務

　当事務所は国際税務があまり得意ではない。トーマツにいたときに、国際税務を経験しただけでなく、大学院でも国際税務の勉強をしていたことから、まったくできないわけではないが、専門分野とは言えないため、国際税務を専門とする公認会計士、税理士との提携が必要不可欠である。

　幸いにして、42歳になったこともあり、トーマツの後輩が独立するようになった。彼ら・彼女らは、海外勤務経験があるだけでなく、「国際税務が得意な税理士です」とご紹介できるだけの能力がある。

　もちろん、他のビッグ4から独立した30代の中には、国際税務が得意な人もいるだろうし、海外とのネットワークを除けば、ビッグ4と同等の品質が提供できる人もいるだろう。

　10年前と異なり、国際税務の分野でも専門家ネットワークを広げることが可能になったと考えている。

同業他社で失敗しているパターンや その特徴で思うこと

● **才木正之** の場合 ▷▷▷

◘ 所長先生の業績クローズの姿勢

　会計事務所も一企業である。いくら規模が小さくても、企業倫理は持っていなければならないと考える。

　私のいう企業倫理とは、上場企業基準での企業倫理である。言い方を変えれば、「コンプライアンス」といったほうが良いかもしれない。

　上場企業は、決算書をオープンにしている。そしてコンプライアンス意識も高い。管理的側面では、四半期の業績予測と結果報告をステークホルダーに行うことは当たり前のことである。

　企業会計を指導する立場である私たち会計事務所の経営自体がクローズであることは問題ではないか。

　クライアントにオープンブックマネジメント（決算情報開示）を推進するのであれば、まず、われわれがその姿勢を示さなければいけない。したがって、弊社では、月次決算書はメンバー全員にフルオープンしている。

　想像でしかないが、会計事務所で業績をオープンにしている事務所は少ないのではないかと感じている。クローズにしていると、スタッフも不審に思い、いらぬことを考えた末に、退職するという事態に陥りかねないと考えている。

◘ 従業員満足の視点が欠乏

　会計事務所スタッフのやりがいって何なのか？　３年経っても同じ担当先で同じ仕事をし、10年経っても同じ担当先で同じ仕事をしていると、仕事のマンネリ化が起こるのではないか？

　「それでいい」というスタッフは幸せかもしれないが、これでは給料のアップは、構造的にありえない。

　これからの時代は、働き方改革も進み、さらに生産性向上が求められる

時代に突入する。こうした社会的要請と従業員満足度を両立させる経営を考えなければいけない。

仕事をするうえでの達成感は、誰でもあるものだ。その達成感を感じる場面は、様々なケースで必ずあるものだと考えている。

その仕事上の達成感はどのような場面で起こるのか？　そして、将来は、どのような仕事をしたいのか？　といった問いについて、絶えずコミュニケートしなければいけないと考える。

そして、仕事上の達成感だけなく、経済的成長を遂げなければいけない。それは、会計事務所であれ、飲食店であれ、製造業であれ、すべての企業に言えることではないか。

◇ 近視眼的経営姿勢の排除

約2,500年前の中国古典「論語」衛霊公第十五の第一章句「子の曰わく、人にして遠き慮（おもんぱか）り無ければ、必ず近き憂い有り」

現代語訳は、「先生（孔子）がおっしゃった。人として遠くまで見通す考えが無ければ、必ず近いところで心配事が出てくる」という意味である。

例えば、クラウド会計システムについて、「あんな使いにくいシステムは、使いものにならないよ」という税理士の先生に出会うことがある。最近では、「今の先生が、クラウド会計に対応できないというので、相談に乗ってもらえませんか？」と新規の問い合わせを弊社にいただく。

世に出る新しいものは、最初は使いにくいのは、当たり前である。それをメーカーさんと一緒に苦労して取り組んでこそ、一般化した時にユーザー目線（企業目線）で提供できるということになると感じている。

半歩先を読み、今大変なことにチャレンジすることが大切であると感じている。

同業他社で失敗しているパターンや その特徴で思うこと

● 菅 拓摩 の場合 ▷▷▷

◀▶ 契約解除にならないために

何を以て失敗とするかは難しいが、弊社は顧問業務獲得の大半が、他社からの乗り換えである。すると、契約解除に至るにはいくつかのケースがあると気付く。

① 契約の未履行

毎月訪問の契約なのに、実際は来ない。

帳簿作成が大幅に遅れる。

納税額の予告が遅い、あるいはない。

② 節税対策の失敗

申請すれば特別償却が使えるのに、申請していない。

相続、事業承継対策が全くなされていない。

③ 専門特化できていない

投資効果もわからないのに顧客の設備投資にやたらと反対する。

売上と利益の額しか話すことがない。

要するに、ビジネスとして基本的なことができていなければ、解約されるのは当然のことだ。

また、税理士としてはきちんと仕事をしているつもりでも、その業種についての理解がなければ、結果として良いアドバイスにならないことが多い。

医療の場合だと、医療法と税法の2つをにらみながら仕事をすることになるし、公共工事を請け負う建設業なら経営事項審査の点数を意識して決算書をつくることになる。

こうした、キメの細かいアドバイスができなければ、それを得意とする税理士に契約を奪われるのは仕方がないことだと思う。

◈ 税務賠償に備える

先年、福岡のとある事務所が税務訴訟で3億円の請求を受けたことが話題となった。

その事件は今もってどうして訴訟を回避できなかったのか不思議であるが、特に承継対策は賠償リスクも大きなものになる。

税理士にも当然得意不得意があるので、不得意な分野を請け負う場合には、それを専門としている税理士との連携が欠かせないし、弊社も東京の事業承継専門の税理士や国税 OB、他の専門家との連携を行い、大型案件の場合には相応のリスク回避を図っている。

同業他社で失敗しているパターンや その特徴で思うこと

● **佐藤信祐** の場合 ▷▷▷

▶ 必要以上に雇用するという問題

　開業をしたからには、事務所を大きくしたいと思うのは当然のことであるし、私もそう考えていた時期があったため、その気持ちはわからないでもない。

　もちろん、景気が良い時代には、給料に見合う仕事ができない従業員がいたり、規模の拡大で一時的に非効率な経営になったりしても、それを上回るだけの売上を獲得することができるため、許容できてしまうのかもしれない。

　しかし、景気が悪化すると、例えば、売上は30％も減ったのに、経費は10％しか減らないという事態に突入する。正社員を雇うことは、それ自体がリスクである。

　さらに、やはり経営者以上の人材は育たないという問題がある。専門家から経営者に変わろうとした知り合いもいるが、専門家だった時代の能力を上回るだけの人材を雇えたことは一度もない。

　ビッグ4のようなブランドがあったり、地元の巨大事務所としての知名度があったりすれば話は別であるが、10年前ならともかくとして、現在の労働市場を見ていると、優秀な人材を雇うことは困難であると言える。

▶ 長期的に儲けるのは難しい

　「リーマン・ショック後の経済変動と事務所への影響」（68 ページ）で述べたように、「短期的に儲けるのは容易だが、長期的に儲けるのは難しい」というのが、私の感想である。

　金融バブルの時に、経費を控除した後の所得が1億円を超えた同業者もいるが、リーマン・ショック、東日本大震災により、ほとんど名前を聞かなくなってしまった。

多くの場合において、①長期的な信頼よりも短期的な利益を優先した、②儲かる仕事にどんどんシフトしていった、という傾向が見受けられる。

例えば、事業承継の事案において、クライアントにとって最適な提案をするのではなく、手数料が高くもらえる不動産や保険を優先的に売り込みたくなることがあるだろう。しかし、結果的に手数料を稼ぐのは構わないとしても、手数料が目的になってしまうと、周りの信頼を失っていく。

さらに、儲かる仕事にシフトしてしまうという問題である。短期的に儲かる仕事は、景気や時代の影響を受けやすく、長期的には儲かる仕事ではなくなっていくことが多い。

金融バブルの時代には儲かっていたビジネスが、アベノミクスの時代には儲からないこともある。安易に儲かる仕事にシフトしてしまうというのは、それ自体がリスクであると考えられる。

◆ 楽をしてはいけない

多くの諸先輩方、同僚を見ていると「一度楽をすることを覚えると、その後、なかなか復活することができない」というのを感じている。

例えば、35歳を過ぎると勉強をしなくなることが多い。仕事がある程度できるようになってくると、新しいことを勉強する意欲もなくなってくる。

しかし、多くの諸先輩方を見ると、公認会計士、税理士としての専門家のピークは30代前半だと思われる。実際に、私の専門家としてのピークは32歳であった。勉強をやめてしまうと、どんどん自分の能力が衰えていくため、容易に後輩に追い越されてしまう。

営業に専念して優秀な後輩を外注に使いたい、こう思ってしまうことも少なくない。しかし、優秀な後輩は自分で仕事が獲得できるようになるため、それも長くは続かない。結果として、外注のレベルがどんどん下がっていった事案も多く目にしてきた。

これに対し、75歳まで現役の諸先輩方を見ていると、常に勉強をし続けている。やはり、楽をすることを覚えてはいけないと感じている。

注目している同業他社の動向

● 才木正之 の場合 ▷▷▷

◀ 特化事務所の動向

特化戦略をとっている事務所については、弊社も特化戦略をとっているため注目している。

医療、飲食業、美容室等の典型的な業種特化型の市場については、直接オーナーにプロモーションをかけるパターンもあれば、新規出店時のサポート企業と提携して、マーケティングを行っているパターンもある。それ以外に新たなマーケティング戦略が存在するのか？　等のベンチマークは、常に行っている。

特化戦略事務所の強みは、同業者同士のクライアント紹介促進も加速できることである。また、知識やノウハウ蓄積も特化しているため、スピーディーに進み、モチベーションの高いスタッフが早期に成長し、さらにモチベーションアップした事業展開が期待できる。

そのような仮説立てを弊社でも行っているため、特化戦略をとっている事務所の動向には、マーケティング活動や成長性等の視点でベンチマークしている。

◀ 世代交代の動向

最近の新規クライアント相談で、「税理士さんの高齢化により、新しい税理士さんを探しています」という案件が増えてきている。

税理士の平均年齢は全国平均で約65歳超。この実態に鑑みれば、これからもこのような案件は、ますます増えると思われる。高齢者先生の事務所がどのような事業承継を進めて行かれるかの動向は、常に気にしている。

一方、60歳代の先生から私たちの年代（40歳代）の事業承継者が経営承継している事例も目にする。同族内承継も少なくないが、私も含めて同族外承継の例も多く見受けられる。

私としては、一世代を築いた先代の理念を引き継ぎ、それぞれの新たな道を歩んでいる仲間は、地域は違えども、同世代の経営者仲間として、会計事務所業界の同志として今後も情報交換をさせていただきたいと思っている。

◆ ミレニアル世代が活躍する事務所

　10年後、20年後そして30年後を考えたとき、いわゆるミレニアル世代（アメリカの定義では、1981年から96年に生まれた人と定義されているが、「日本はアメリカの10年遅れ」という定説を加えると91年以降に生まれる世代をここでは指す）が中心メンバーとなる事務所運営を余儀なくされる。

　その視点で会計事務所業界を眺めると、全国でもミレニアル世代のスタッフが活き活きと働き、成長している事務所に目が留まる。

　私が知る限りでは、東京・横浜を拠点として展開している瀬谷幸太郎先生、宮田裕輔先生率いる税理士法人リライト。名古屋を中心に事業展開している鶴田幸久先生率いる税理士法人鶴田会計。

　瀬谷先生とは、親しくさせていただいており、若手メンバーも意欲的で、チャレンジできる仕組みを組織にインストールされており、素晴らしいといつも感じている。

　また、鶴田先生も第1回会計事務所甲子園のファイナリストで今でもお付き合いさせていただいている。鶴田会計さんも新卒採用からスタッフ教育も充実されているご様子で、事務所成長率も高く、素晴らしいと感じている。

　私たちも、負けないようにミレニアル世代と一緒に成長・発展したいと考えている。

注目している同業他社の動向

● 菅　拓摩 の場合 ▷▷▷

　弊社は大変おこがましいとは思いつつ、かなり以前から名古屋の名南経営を目標として経営を行っている。

　弊社が多少成長しても、「やっと10年前の名南経営に追いつけたかどうか……」なわけだが、あれだけの大型事務所でありながら、マイコモン（My Komon）を開発し、上海に進出、医療コンサルティングを別会社とするなど、常に挑戦する姿勢は見習わなくてはならない。

　また、本書の共著者の佐藤信祐先生は組織再編分野のパイオニアであるし、ご著書を読むとハッとさせられることが実に多い。本当の意味でプロフェッショナルであり、素晴らしいと思っている。真似はとてもできないが。

　御堂筋税理士法人の才木正之先生には、弊社は経営会議を指導していただいており、幹部全員が出席している。会社運営において、幹部会議はまさにコックピットである。

　ここに魂を吹き込むようなコンサルティングは本当にお客様の役に立てると確信しており、私自身が多くのことを学ばせていただいている。

◀ 資産税のスペシャリスト

　事業承継の分野では、みよしコンサルティングの川口修司先生のノウハウには毎回驚かされる。かなり大胆な対策を打つのだが、税務調査に対するリスク回避は細部にわたって行われている。30億円クラスの承継案件でご一緒したのがご縁で、現在は資産税関連の顧問をしていただいている。

　どの分野でも特化している先生方は尊敬に値すると思っているし、可能な限り教えを請い、事業提携できればと思っている。

多彩な事務所の増加

最近はクラウド会計と RPA で武装している若手の税理士、POS レジメーカーと組んで飲食業を専門にする税理士、税理士事務所の営業支援を行う税理士など、多彩な事務所が増えた。

様々な業態・サービスがあってこそ業界も発展すると思うので、とても良いことだと思う。

注目している同業他社の動向

● 佐藤信祐 の場合 ▷▷▷

◢ ビッグ4のOBが増えてきた

　私が独立した2005年には、ビッグ4からいきなり独立する人はそれほど多くはなかった。

　ビッグ4のノウハウは独立には馴染まないことから、ビッグ4からの仕事の紹介が期待できない場合には、中堅事務所で経験を積んでから独立するというのが一般的であった。

　しかし、ここ数年は、ビッグ4からいきなり独立する人が増えてきた。しかも、ビッグ4のノウハウを活かす形での独立である。

　そのため、当事務所が苦手としていた分野でも、ビッグ4のOBと提携することにより、幅広いサービスが提供できるようになり、ビジネスがやりやすくなったと感じている。

◢ 世代交代が進んできた

　また、世代交代が進んできたと感じるようになった。本書の共著者である才木正之先生、菅拓摩先生は40代であり、私も40代である。同業他社を見ると、40代の先生方が目立つようになってきた。

　60代、70代の著名な先生方は資産税に強いイメージがある。土地の価格が高騰した時代にアラサーだったからである。50代の著名な先生方はIPOなどのベンチャービジネスに強いイメージがある。ベンチャーバブル時代にアラサーだったからである。

　これに対し、われわれの世代は、会社法が施行されたタイミング（2006年）でアラサーだった。M&A、組織再編が活発になってきた時代である。

　さらに、10年前は「税理士にもマーケティングが必要である」ということが言われていた。しかし、マーケティングは、誇大広告をするのではなく、品質の良いものを提供できることを潜在顧客にアピールすることが必

要になる。

そのため、われわれの世代は、マーケティングに踊らされずに、品質の良いサービスが提供できないと意味がないことを認識した世代でもあると考えている。

今のアラサーはどうだろうか。事業承継税制が導入され、新しい事業承継ビジネスが生み出される時代である。中小企業にもM&Aが活発に行われるようになった時代である。グローバル化、IT化が進展した時代である。

5年後、10年後には、異なる専門分野の提携先が生まれてくることを期待している。

◆ 事業承継コンサルティング

2018年度に事業承継税制が改正された。これは23年3月31日までの間に特例承継計画を都道府県に提出する必要があるという時限立法になっていることから、2022年12月の税制改正大綱において、延長されるのかどうか、延長されるにしても、何かしらの改正があるかどうかが注目されている。

今のところ、延長されない前提で特例承継計画だけは提出しておこうという動きが強いため、まずは事業承継税制を適用するかどうかの検討が行われることが多い。

結果として、事業承継税制を適用しない場合もあるが、それでも事業承継についてクライアントが検討せざるを得ない状況になっているという意味では、ここ数年は事業承継コンサルティングのニーズが高まってくることは明らかである。

そうした中で、当事務所でも、事業承継コンサルティングを強化しようとしている。まずは、事業承継を専門とする会計事務所との提携をした。しかし、様々な事案に対応できるようにするために、いろいろな専門家との提携が必要になってくるだろう。

そういう意味でも、現在では、事業承継に強い専門家の動きに注目しているところである。

仕事でミスをなくすためにしていること

● 才木正之 の場合 ▷▷▷

◆ ISO9001 の取得

　2003 年に取得した ISO 9001「品質システム-設計・開発、製造、据付における品質保証のためのモデル」に則って、品質管理を行っていた。

　業務フロー、手順書そしてチェックリストを整備し、審査員の先生にチェックしていただき、仕組みを構築した。

　システムを運用し、ミスが起こった場合は、是正処理報告書を作成し、ことの顛末の「見える化」をするとともに、再発防止については、執拗に追いかけて、二度と事故が起こらないように推進するサイクルが身についた。

　また、現在では、ハインリッヒの法則（労働災害における経験則の1つで、1つの重大事故の背後には29の軽微な事故があり、その背景には300の異常が存在するというもの)に従って、ヒヤリハットの共有会を月一度行っている。

　3回（6年間）の更新で、ISO9001 システム認証は返上したが、弊社のチェック体制の礎を築けたのは、この ISO9001 システムのおかげである。

◆ チェックリストの重要性

　医療分野やパイロット等、ミスが絶対に許されない世界でもチェックリストは使用されている。

　複雑な意思決定を下すにあたり、人間の判断力、認知力は当てにならない。能動的に自らの意思決定を規律づけるためのツールとして「チェックリスト」は必要だ。アトゥール・ガワンデ著『アナタはなぜチェックリストを使わないのか？』はお勧めの一冊だ。

　会計事務所の世界でも、ダブルチェック、トリプルチェックはもちろん大事だが、セルフチェックをすることが、自らの成長も促す貴重な行為で

あると考えられる。

ヒューマンエラーは、必ず起こる。

したがって、そのエラーが大きな事業への影響を及ぼすとともに、チェックできなければ、そのスタッフを大きく傷つけることになる。そうならないためにも、チェックリストは非常に重要だと考える。

◪ 税務署 OB 先生の活躍

一定規模以上の事務所には、国税 OB の先生が事務所における審理課的な存在でおられるということを耳にして、たくさんの先輩の大型事務所の方々に話を伺い、弊社も 3 年前から国税 OB の税理士先生に加わっていただいている。

その効果は、絶大である。弊社の国税 OB の税理士は、法人税部門に長年勤務しており、最初は、申告書のチェックをお願いしていたが、現在では、現職時代の税務大学校講師としての経験を生かして、法人税、所得税、消費税と主要税目のスタッフ教育までフルサポートしてもらっている。

さらに、課税庁側の視点で、教育してもらえるので、私たちもとても勉強になっている。現在のスタッフは、最初から課税庁側のロジックでの教育を受けられることはとても幸せなことだと考える。

仕事でミスをなくすためにしていること

● 菅　拓摩 の場合 ▷▷▷

◪ 申告業務の分業制

　会計、申告業務に関して言うと、弊社は分業制を採用しており、それぞれが前に行われた業務についてチェックを行っている。

　　①入力者　→　②月次試算表作成者　→　③報告担当者　→　④決算担当者

の４人のプレーヤーが存在する。

　もちろん、すべてを分業していることは稀で、③と④は同じ人が行うことが多い。完全な製販分離は、税務スキルが落ちるので反対である。

◪ 日報の提出

　決算書の精査については、

　　課長　→　国税OB　→　部長・所長

という流れとなっており、元帳と原始資料から監査を行っている。

　また、報告（経営相談）業務に関しては、日報提出を課している。

　もし間違ったアドバイスがあった場合など、私が担当者に直接指摘することもある。

　また、日報の提出が遅れれば、１回につき１万円のペナルティをとっており、遅延はほぼゼロである。これは、業務管理において大きな役割を果たしている。ちなみに、この日報システムは自社開発である。

　しかし、どんなにチェックしてもミスは一定の確率で起こる。

　弊社では毎朝、業務時間内に勉強会を開催し、月１回テストがある。また年に１回は実力テストが実施され、これらは給与や昇給に影響する。

　傾向として、テストの点が高い人は明らかにミスが少ない。やはり、今

後もスタッフ教育は必須であると思っている。

　なお、かくいう私こそ、うっかりミスが多いタイプの人間である。やはり、つくった資料はできる限りチェックが得意な者に見てもらうようにしている。

仕事でミスをなくすためにしていること

● 佐藤信祐 の場合 ▷▷▷

◪ 簡単な仕事ほどミスをしやすい

　ミスが起きないようにするためには、思い込みで回答せずに、常に条文などの根拠資料を確認するということが必要である。

　また、クライアントが勘違いしている可能性もあるため、事実関係を丁寧に確認することも必要である。しかし、どうやってもミスは誰しもがしてしまうことから、定期的に自分の仕事を見直す機会は必要である。

　一晩寝て、翌朝になると気付くことも出てくるし、1～2週間後に見直してみると気付くこともある。そう考えると、2回くらいは、自分の仕事を見直す機会を持ったほうが良い。

　個人的な経験上、難しい仕事でミスをしたことはない。なぜか簡単な仕事ではミスをしてしまう。徒然草にある「高名の木登り」は、良い教訓である。

◪ 危ない仕事は引き受けない

　ミスをしないようにするためには、危ない仕事を引き受けないというのが大事である。危ない仕事の典型例として、報酬が安い仕事が挙げられる。

　外部専門家に対する報酬を安くしようとするクライアントは、従業員に対する報酬も安くしようとするため、社内の体制も整備されていないことが多い。

　こういう場合には、こちらがいくら慎重に仕事をしても、経理担当者が事実関係を把握していなかったり、こちらのアドバイスに対応できなかったりするため、事故が起きやすくなってしまう。

　さらに、コンプライアンス意識が低いクライアントの仕事も引き受けるべきではない。法務に対するコンプライアンスが低いのに、税務に対するコンプライアンスが高いはずがない。税務以外の問題があるクライアント

の仕事は、税務の問題も起きやすいと言える。

◆ 他の専門家のチェックが入る体制を作る

　1人で仕事をすると、どうしてもミスが起きやすくなる。大きな案件になると有難いのが、他の人のチェックも入るという点である。

　例えば、上場会社の案件では、監査法人の系列の税理士法人が未払法人税と繰延税金資産の監査のために、大きな案件に係る税務を確認することがある。

　もちろん、監査のための手続であることから、通常の税務コンサルティングとは異なるが、それでも未然に大きな事故を防ぐことが可能になる。

　さらに、上場会社の案件では、経理担当者もそれなりに税務にくわしいことから、こちらのアドバイスをそのまま鵜呑みにはしないし、必要があれば、他の税理士に確認することもある。そういう意味では、大きな案件になればなるほどリスクが小さいということが言える。

　当事務所では、申告書作成業務を行っていない。あまり申告書を作成するのが得意ではないということもあるが、正社員を雇わないビジネスモデルを維持するためには、申告書作成業務を引き受けるわけにはいかなかったからである。

　結果として、これがミスを防げるやり方になっている。なぜなら、顧問税理士が申告書を作成するとなると、顧問税理士が納得できるようにしないといけないからである。

　リスクの高いストラクチャーを提案することはできないし、ミスがあっても、顧問税理士が気付いてくれることも多い。

　そういう意味では、ミスをしないようにするためには、顧問税理士との連携が重要であると考えられる。

報酬の決め方

● 才木正之 の場合 ▷▷▷

弊社では下記のような基準で、公正な顧問料の算定を行っている。

税理士の報酬は、専門家としての責任の重さと実際の処理時間によって定まると考えている。

税理士としての責任の重さは、医師のような命の重さに対する責任ではなく、弁護士や保険料のようにその税務負担額に対するリスク責任によって定まっている。したがって、顧問料はおおむね企業の規模、複雑さ、利益の多寡によるとお考えいただきたい。

一方、実際のチェックやコミュニケートのための処理時間については、おおむねの標準時間を設定し、そこに専門家としての基準単価を掛けて算出している。

■顧問料算定基準表

算 定 基 準 （百万円）							基本顧問料（月額:円）
売 上 高				総資産	粗利益	個人換算所得※	
卸売（10%）	小売（20%）	製造（40%）	サービス業他（67%）				
～ 360	～ 180	～ 90	～ 53	～ 90	～ 36	～ 18	20,000
～ 500	～ 250	～ 125	～ 74	～ 125	～ 50	～ 24	25,000
～ 750	～ 375	～ 187	～ 112	～ 187	～ 75	～ 30	30,000
～ 1,000	～ 500	～ 250	～ 150	～ 250	～ 100	～ 40	35,000
～ 1,500	～ 750	～ 375	～ 224	～ 375	～ 150	～ 60	40,000

～ 2,000	～1,000	～ 500	～ 300	～ 500	～ 200	～ 75	45,000
～ 3,000	～1,500	～ 750	～ 450	～ 750	～ 300	～ 100	50,000
～ 5,000	～2,500	～1,250	～ 750	～1,250	～ 500	～ 150	60,000
～ 7,500	～3,750	～1,875	～1,120	～ 1,875	～ 750	～ 200	75,000
～10,000	～5,000	～2,500	～1,500	～ 2,500	～1,000	～ 250	90,000

※個人換算所得とは、税引前利益＋経営者ファミリーの役員報酬の合計額をいいます。
※業種別下欄の％は想定粗利益率を表示しています。

■訪問相談料算定基準表

毎月訪問する場合の費用加算

算式；業務時間×時間チャージ表（A）＋往復交通時間×交通時間チャージ表（B）

区　　分	時間単価	時間	区　　分	時間単価	時間	訪問相談料（月額）
(A)予定監査時間	10,000	時間	(B)標準交通時間	3,000	時間	円

（計算例）

① 基本顧問料

（売上高　25,000 円＋総資産　30,000 円＋粗利益 35,000 円＋個人換算所得　30,000 円）÷ 4 ＝30,000 円

② 訪問相談料

監査時間 3 時間×10,000 円＋交通時間 1 時間×3,000 円＝33,000 円

③ 顧問料合計

①　＋　②　＝　63,000 円

報酬の決め方

● 菅　拓摩 の場合 ▷▷▷

　弊社は、医療特化型事務所としては後発であり、高い価格設定が不得手な一面がある。しかし、地域相場（佐賀県は特に低い）は考慮しつつ、5年ほど前からは安い価格で契約することを禁止している。

　ただ、かくいう私が一番値下げをしたがると部下から指摘されたので、最近は値決めの現場には極力出向かないようにしている。

◪ 顧問料は時間当たり 9,000 円が多い

　時間単価でいうと、毎月顧問の場合は、最低でも 1 時間 7,000 円はいただくように指導している。これは、毎月訪問で年額 60 万円を超える計算になる。これに年末調整や役員の確定申告他の付随業務が加わる。

　病院クラスの監査／決算となると、複数の部門があることや、役職の高い者が担当するので、2 万円を超えることがあるが、そうした件数は 20 件ほどと多くない。一番のボリュームゾーンである医療法人のクリニックだと時間単価は 9,000 円ほどである。

　IT などのコンサルティング業務だと、作業時間の見積もりは 1 時間 2 万円といったところである。

◪ 付随料金表の設定

　契約後に小さなトラブルがないように、付随料金は細く設定を行っている。

　一例を挙げると、

- 年末調整　15 名までは 2 万円
- 税務調査立会料　調査官 1 名、1 日につき 2 万円
- 贈与契約書作成　1 枚につき 5,000 円

といった具合である。

これらは他の事務所を参考に、適宜改定を行っている。

◖ 相続は「資産総額×1％」が基本

相続税の場合は、オーソドックスに「資産総額×1％」を基準に、資産の内容や特例利用の有無で増減して決定しているが、平均で150万円ほどとなる。

相続税に特化している若手税理士から、相続申告業務の平均は50万円程度だと聞き、低価格化していることにかなり驚いた。

報酬の決め方

● 佐藤信祐 の場合 ▷▷▷

◪ 3万円／時間への引上げ

開業当初は、2万円／時間のチャージレートでスタートした。これはトーマツに勤務していた頃のチャージレートを丸めたチャージレートである。その後、事業が軌道に乗ったので、3万円／時間のチャージレートに引き上げた。

インターネットで調べてみると、3万円／時間くらいまでは引き上げられそうだったし、当時の提携先でも3万円／時間のチャージレートはめずらしくなかったからである。

◪ 5万円／時間への引上げ

その後、組織再編税制の専門家としての知名度が高くなってくると、ビッグ4と品質で対等に戦える事務所を目指すようになった。

そのため、チャージレートを引き上げるかどうかを悩んでいたが、昔の先輩からも、「チャージレートを引き上げても、結局は報酬総額が妥当かどうかで決定されるから、あまり意味がない」という話は聞かされていた。

そうこうしているうちに、リーマン・ショックが起きた。何とか営業をして売上を戻そうとしたが、足元を見られることが増えたり、手のひらを返したりする人達もでてきた。

そして、東日本大震災が起きたため、PART①で述べたように、無理に営業をするのではなく、よい機会だから大学院で勉強をすることにした。そのため、多少の売上の減少を覚悟したうえで、5万円／時間にチャージレートを引き上げることにした。

5万円／時間のチャージレートにしたのは、当時のビッグ4のパートナーのチャージレートが4〜7万円／時間だったからである。

◆ 10万円／時間への引上げ

「事務所が大きく成長した瞬間」（80ページ）で述べたように、大学院生活が終わったことにより、時間的な余裕ができたため、報酬体系を見直すことにした。報酬体系の見直しのきっかけは、単発のご相談に対する対応である。

なぜなら、単発のご相談を5万円／時間で対応していた頃は、不十分な事実関係で質問されることがあったからである。

質問する側からすれば、1時間で終わる質問であれば、5万円で済むとなると、気軽に聞いてしまう気持ちもわからないでもないが、それではミスが起きやすくなる。

これに対し、10万円で対応するとなれば、質問をする側も事実関係をきちんと調べたうえで質問してくるし、追加でかかった時間を請求しない前提にすれば、不足している事実関係を確認してもらったうえで、再度、質問に回答する形も採用することができる。

10万円／時間のチャージレートに引き上げるかどうかは、かなり悩んでいた。業界の著名な先生だと10万円／時間のチャージレートを設定している人もいることはいるが、10年前はかなり少数派であった。

しかし、ここ数年で状況は大きく変わり、ビッグ4のパートナーのチャージレートが10万円／時間に引き上げられていた。当事務所が目指すのはビッグ4と品質で対等に戦う事務所である。そのためには、チャージレートを引き上げざるを得ない。そうしたこともあり、10万円／時間へのチャージレートの引上げを行った。

10万円／時間のチャージレートに引き上げたものの、チャージレートを引き上げる前よりも、すでにスポット報酬が増えている。しかし、セミナーは減らさざるを得なくなった。

もちろん、広告宣伝のためにまったくやらないわけにはいかないが、必要最小限まで減らす必要がある。ビズアップ総研との専属契約は、セミナーを減らすための大義名分が必要だったという背景がある。

今後の事務所の事業展開について

● 才木正之 の場合 ▷▷▷

◀ 税務・会計業務

税理士の高齢化問題により、会計事務所の変更を検討される企業が増加することが予想される。

お客様が、担当税理士の高齢化による税理士の交代を検討される際に、弊社を選んでいただけるために何をしなければいけないのか？　それは、現在のお客様へのサービスの品質が高いという評判だと考えている。

WEB社会の現在では、いくらホームページで自社のプロモーションをうまくみせていても、口コミ掲示板や知り合いの経営者からの評価が良くなければ、選んでいただくことはない。

したがって、新規のお客様に選んでいただくためには、新規のお客様ではなく、既存のお客様へのサービス内容を充実させて、既存のお客様からご満足いただけている状態を維持し続けることが大切であると考えている。

◀ コンサルティング業務

現在弊社で取り組んでいるコンサルティングサービス領域は、①一般会計・税務サービスから派生した事業承継サポート・M&Aサポートサービス、②個人資産をトータルサポートする個人資産税サービス、③経営計画作成から実行管理フェーズの経営会議サポートまでを行う経営コンサルティングサービス、④企業は人なりといわれるように、人事の問題にフォーカスし、人事制度構築から運用サポートサービスを提供する人事コンサルティングサービス、⑤これからさらなる環境変化が見込まれるITコンサルティングサービスの5つである。

この5つのコンサルティングサービスは、プロジェクトチーム化運営を推進しており、アジャイル型のチーム運営で、プロジェクトは変化するも

のと決め、小さなサイクルを何度も回してプロジェクトが生み出すプロダクトを最大化することを重視している。

そのため、当初計画された機能が100%完成することは困難だが、プロダクトがリリースされる時点で、顧客を含むすべてのステークホルダーが『最大の価値がある』と思えるようなプロダクトが完成するイメージである。

また、「他の専門分野への進出の可能性」（112ページ）でも述べたが、海外税務サポートサービスは、早期にチャレンジしたいと考えている。

◆ 社会貢献

「事務所の戦略とその戦略を選んだ理由」（52ページ）で述べたように、本業だけで顧客に選ばれることだけでは、本質的な差別化はなされない。CSV戦略に真摯に取り組み、会計事務所が社会問題を解決できる領域はあるはずである。

「社会貢献」というキーワードは、これからの社会要請のキーワードになるであろう。今までは、社会問題は、政府が課題解決の主体であったが、政府の力だけではもう問題解決はできないのではないか？　そのような状況下で、民間企業が自ら手を挙げて、問題解決に当たることが求められている。そのために、われわれが率先して、チャレンジすることが良いだろう。

また、これからの時代を担うミレニアル世代の若者たちは、社会貢献意欲やボランティア精神が高いメンバーが多いといわれる。私たちの世代のように、かっこいい車に乗りたい、ブランド物を身に着けたいというような物欲よりも、社会的に意義のある仕事に時間を割きたいという想いのほうが、優先順位が高い。

したがって、社会貢献活動自体が、彼らの働くモチベーションとなれば、組織としてもありがたいことである。ミレニアル世代もモチベーション高く働ける組織にしたいと考えている。

今後の事務所の事業展開について

● 菅　拓摩 の場合 ▷▷▷

◪ 地域で一番頼りになる事務所となる

　他界した父がいたときの事務所の経営方針は、「法を知り、法を駆使して、法律的弱者である中小企業を保護育成する」であった。

　これには、税理士が顧客を保護するなどおこがましいという批判も一部にはあったが、私自身は、お客様が困っている時に最も頼りになる存在であり続けたいと思っている。例えば、先日もお客様が残業代問題で集団で押しかけられたり、従業員の使い込みが発覚したり、ということがあった。

　「不祥事のため甲子園に出られなくなるかもしれないので、なんとかしてほしい」というご相談をいただいたこともある。

　一見、会計事務所の仕事でないことでも、お客様は最初に弊社に相談してくださる。これはとてもありがたいことで、お客様が「アップパートナーズに相談すればなんとかしてくれる」と思っているからこそである。

　よって、グループ内で解決できることを増やしつつ、自社でできないことは通り一遍でなく、本当の意味で専門家と連携して事に当たることが大事だと考えている。

◪ お客様の生涯の資金繰りと幸福に貢献する

　私自身が片親で一人っ子でありながら、九州歯科大学の下宿生の方々に大変可愛がってもらい、まるで兄と弟のような関係で育ててもらったという恩がある。そういう意味で、医療特化の手始めに歯科医院のコンサルティングを選択したのは、私にとっては当然の流れであった。

　そして、担当する医院の業績が上がり、先生方にとても喜んでもらえるので、仕事が楽しくて仕方なかった。楽しみを共有してほしいと、スタッフを1人また1人と巻き込んでいった結果、現在の医療クライアント数800件につながった。

どこかの医師会や保険医協会の顧問をしているわけでもなく、戦略的に特化したわけではないが、今でも、結果としてクライアントが増え、経営的に安定できたのも、また、スタッフの生活レベルを上げることができたのも、医療業界に関わらせてもらったおかげであることは間違いない。

◪ 一生困らないような提案を

最近、スタッフには「契約いただいた先生が、一生お金に困らないように提案しなければならない」とことあるごとに言っている。院長先生のライフプランニングに始まり、投資の計画、獲得すべき治療技術、患者マーケティング、そして収益の獲得、節税、相続対策……と、考えることは山ほどある。

よって、税務業務にとどまらず、幅広い知識と組織力を駆使して、先生方の幸福に貢献しなければならないと思っている。もちろん、医療関係に限らず、すべてのお客様に対しても同様である。

◪ 時代に流されず、時代に乗り遅れず

昨今、テレビや新聞、ネットの世界でも AI という言葉を聞かない日はない。一方で、ビジネスは時代に合わせたものでなければならない。それは時代に比して早すぎても遅すぎても NG である。

例えば今の AI 技術を中小企業に当てはめて、どういったビジネスモデルが描けるのか？　本当に業務が効率化するのか？　は未知数な部分も多い。

RPA も然りで、今はプログラミングのプレーヤーが少ないので、効果に比してコスト高となっている感も強い。

よって、最新の技術や情報にアンテナを張りつつ、自分自身も積極的に投資を行い、良いと思うものを適切なタイミングでクライアントに提供できればと思う。

今後の事務所の事業展開について

● 佐藤信祐 の場合 ▷▷▷

◀▶ 都心地域と副都心地域

東日本大震災により計画停電があったが、千代田区、中央区、港区の３区は対象外とされていた。実際には、対象外となっていた範囲は、もう少し広かったみたいだが、上記３区が都内でも別格の地域であったことを思い知らされた。

その後、東京都産業労働局が公表している「東京の産業と雇用就業」では、都心地域としては千代田区、中央区、港区が、副都心地域としては新宿区、文京区、渋谷区、豊島区が分類されていることを知った（ちなみに、品川駅も港区である）。

一部の例外はあるものの、都心・副都心地域とそれ以外の地域では、経済活動は大きく異なっている。

私が開業した2005年当時と比べても、都心への集中がさらに強くなっていると感じている。そう考えると、わざわざ、都心・副都心地域以外の地域に営業活動をしていく必要はないと考えている。

◀▶ 地方案件への対応

これに対し、地方案件への対応であるが、今の40代、50代の経営者を見ていると、会計事務所を使い分ける傾向にあるように思われる。

さらに、東京に情報が集中していることを知りながらも、インターネット上には、不確かな情報が多いことも知っている。

その点、組織再編やM&Aを活発に行う経営者は、勉強熱心な人も多く、書籍や研修DVDで組織再編税制を勉強している人も少なくない。意外なことに、税理士よりもくわしい経営者も少なくないのである。

こういった人たちは、品質の良い書籍や研修DVDを販売することで、その後の仕事につながることがある。そして、そもそも本業のために、経営

者の人達が頻繁に東京に来ていることから、東京の税理士に相談するということも、ほとんど違和感がなくなっている。

◪ 会計事務所との提携

しかし、地方の案件については、地元の会計事務所に相談することが多いため、地元の会計事務所との提携が必要不可欠であると考えられる。

あらゆる産業で起きたことだが、われわれの業界も、総合型巨大事務所、専門特化型巨大事務所、地方巨大事務所、零細事務所に分かれていくと予想される。

すなわち、業界再編により、都内に1万人規模の会計事務所が誕生する可能性がある。大阪、名古屋、福岡、仙台にも1,000～3,000人規模の会計事務所が誕生するであろう。

私の地元を例に挙げれば、新潟で300人規模、長岡で100人規模の会計事務所が誕生する可能性がある。

こういった業界再編が起きると、都心・副都心地域とそれ以外の地域では、会計事務所のマーケットが全く異なってくる。

当事務所のコンセプトである「ビッグ4と品質で対等に戦える会計事務所」「小さな規模の大きなネットワーク」は、都心・副都心地域以外では成立しない。それだけのマーケットが存在するのは、都心・副都心地域だけだからである。

そして、地方の事務所では、組織再編に対応できる専門家には、それ以外の仕事もやってもらいたいという事務所のニーズもある。それだけの能力があれば、資産税や医療法人など幅広いサービスを提供することができるからである。

そういう意味では、特殊案件に対応できる専門家を雇うのではなく、提携せざるを得なってくるため、中長期的には、都心・副都心地域の個人事務所と地方の巨大会計事務所が提携する時代になると考えている。

PART 3

『2020』後も
失敗しないための思考

> ## 士業を目指した時に思い描いていたことと現実の違い

● 才木正之 の場合 ▷▷▷

◇ 甘い考え

　私が税理士を志望しようと思ったのは、大学2回生の時だった。私は、小中高と硬式野球部に所属していた。

　大学生になってまで野球をすることは嫌だと考えていた矢先、当時一世を風靡していた京都大学のアメリカンフットボール部の東海辰弥選手という有名なクォーターバックポジションの選手が、高校まで野球をしており、大学生からアメリカンフットボールに挑戦していたことを知り、彼に憧れてアメリカンフットボールを始めた。

　しかし、大学2回生の春に家庭の事情でアメフト部を退部しなければいけないことになった。大学で体育会系のクラブに所属していれば、当時でも、先輩の紹介ルートに乗っかって就職はできていたので、就職のことは全く考えていなかったが、退部と同時に、真剣に将来を考えるようになった。

　そんな時だった。彼女（現在の家内）の父（義父）が税理士事務所の職員をしており、とても裕福な暮らしをしているように思えた。

　「お父さん、仕事何してるの？」と彼女に聞くと「会計事務所の職員」。「税理士さんってこと？」とさらに聞くと、「税理士にはなれなかったみたい」という返答だった。

　税理士でないのに、こんなに裕福であれば、税理士になれば、豊かな暮らしができると思ったことが税理士を目指すきっかけだった。

◇ 師匠との出会い

　そんな軽い動機で税理士試験の勉強を始め、大学4回生の冬に就職活動をし、師匠の小笠原と出会う。入社面接のときのことは、今でも鮮明に記憶している。

「才木君、中小企業の経営者は、いつも孤独なんだよ。その孤独な経営者と寄り添うことが税理士の仕事だからね」と言われた。

心の中で、「あれ？　僕が思っていた世界と違うような気がする」と思ったことを覚えている。「僕は、妄想を描いていたんだ」と思い、小笠原から巡回監査の基礎から、経営に対する考え方を学んだ。

小笠原は、「従来型の会計事務所サービスだけでは、お客様の問題解決はできない。売上増加のお手伝いや、組織変革のお手伝いまでできないと、楽しい決算報告はできないんだ」と、いつも試行錯誤していた。その苦しんでいる姿を横で見ることによって、私のキャリアが見えてきたように感じていた。

◇ これでよかった

軽いノリで、甘い未来だけをイメージして入った業界で、とてもストイックな師匠に出会えたことは、幸運だった。

「あなたは、小笠原さんに出会えてよかったね」というのが、家内の口癖だ。実際に、私もそう思う。私は、本当に運が良かったと思う。

会計事務所の仕事は、サービス業のど真ん中にあると思う。サービス業は、形のないものを販売し、お客様に満足と感動を与える職業で、その中心は、人だ。

「属人的なサービスは、再現性に乏しい」というが、それは経営者目線の言葉であって、サービスの提供者であるスタッフのやりがいや喜びを無視したサービスの提供は永続しないと考える。つまり、人と人とのつながりが会計事務所の仕事には欠かせないと思う。集まるメンバーが同じ志をもって取り組めるかどうかがカギを握るのである。

> 士業を目指した時に思い描いていたことと
> 現実の違い

● **菅　拓摩** の場合 ▷▷▷

◇ **マスコミ志望だった学生時代**

　私が3歳の時に父と母が離婚し、私は母方の北九州市で育った。

　母は高校の国語科教師であった。一方で、父との関係は皆無であったため、税理士という職業についての知識はまるでなかった。

　私が大学に入学したのはバブル崩壊の直後であり、マスコミ業界などはまだまだ活況であった。数学が苦手であったこともあり、とにかく数字に関わらなくてすむ仕事に就きたいと思っていた。具体的には、新聞社、広告代理店、そして社会科の教師である。

◇ **税理士になってダイヤモンドを掘る！**

　しかし、大学入学の直後に父から突如連絡があった。気が進まなかったものの、「車を買ってやる」と言われて、打算的に父に会いに行った。そこで、税理士という職業がどういうものかについて、中小企業の役に立つ、素晴らしい職業であると言われた。

　今考えると、少し粉飾されていたが、ともかく悪い印象はなかった。しかし、欲しかった日産の180 SX はすぐに中古で購入したが、税理士になろうとは全く思わなかった。

　転機になったのは家庭教師をしていた中学生の親父さんからのアドバイスである（先の車の維持費用捻出のために、昼も夜もアルバイトしていたのだが、その1つが家庭教師だった）。その生徒の親父さんから、

「拓摩、税理士は楽でいいぞ！　印鑑をついていればお金がもらえる。地盤があるならなおさらだ。親父さんを継いで、税理士事務所の所長になれ。どうせ暇だろうから、俺と一緒にアフリカにダイヤモンドを掘りに行こう」

と、近くの飲み屋でアドバイスされた。モラトリアムを自認していた大学

152

生の私は、恥ずかしながら、これが転機となった。「税理士になって、楽を
する」、なるほど、父は暇そうだった。実際は、病気のために自宅療養する
ことが多かったためだと後で知ったのだが。

　晴れて税理士となり、父の事務所で働き始めたが、来る日も来る日も帳
簿作成で、３日目には飽きてしまい、本気で辞めようと思った。その矢先
に父が他界して、急遽平社員から経営者となったのである。

◇ 迷ったら辛そうなほうを選ぶ

　私は決算申告は２年間しかしていない。そういう意味では、申告実務に
疎いのは間違いない。しかし、他の税理士が申告実務に取られる時間を、経
営者の相談に乗る時間に当てることができた。

　目の前の経営者が抱える問題を解決するのが私のメインの仕事となり、
そのための知識は必要に迫られて実学で学んだ。これが今でも大きな財産
になっている。

　税理士を目指していた頃は、「楽をするために」だったが、実際に事務所
経営をしてみると楽どころか、かなりのハードワークだった。また、経営
者が楽をすれば高い確率で倒産することも知ったし、楽なことは「楽しい」
ことではないことも、今はわかっているつもりである。

　スタッフには、「もし人生で迷った時は、辛くて苦しそうな道を選べばお
そらくそれが正解だ」と言っている。

　学生時代、アルバイトとスキーに明け暮れた自分からは考えられないこ
とであるが。

士業を目指した時に思い描いていたことと現実の違い

● **佐藤信祐** の場合 ▷▷▷

◇ 複数の資格を取る必要はない

士業を目指した時は、公認会計士になっても勉強をし続けなければいけないと思っていた。それはそれで正しかったのだが、当時は、社会保険労務士や司法書士の資格も取得する必要があると思っていた。

たしかに、社会保険労務士や司法書士の試験勉強は、その後の実務でも役に立っているが、どうしてもモチベーションが上がらず、試験に合格するまでには至らなかった。

しかし、独立開業をしてみると、複数の資格を取る必要はないことがわかった。自分の専門分野の勉強が疎かになるし、そもそも専門外の分野については、その分野の専門家に任せたほうが効率的だからである。

◇ 他の専門分野の勉強も必要

しかし、他の専門分野の勉強が不要というわけではない。民法、商法、労働法、社会保険、労働保険などあらゆる分野の内容が税務に絡んでくる。

税法の解釈をするために他の分野の知識が必要になることもあるし、他の分野の専門家と連携するにしても、その分野に関する知識は、それなりに必要になってくるからである。

PART①（47ページ）で述べたように、科目等履修生、修士課程、博士課程を含めると、6年という長い大学院生活を送っていたが、最初は、科目等履修生として国際会計、国際税務の勉強をした。

その後、商学研究科にて、国際会計、国際税務、管理会計、監査論、企業倫理、経営分析、経営学などを勉強していた。法学研究科の専攻は商法だったし、その他にも民法の勉強をしていた。修士課程を修了してから博士課程に入学するまでの1年の空白期間では、科目等履修生としてファイナンスの勉強をしていた。

こうした勉強をすることで、自分の専門である組織再編についての理解も深まっていったし、他の専門家との連携も容易になったと感じている。

◇ 営業力はいらない

士業を目指した時は、仕事をする能力と仕事を取ってくる能力は別であると思っていたし、周りもそのように考えている人が多かった。

たしかに、組織で仕事をするのであれば、そのような傾向はあるだろう。個人よりも組織にブランドがついているからである。

しかし、独立開業をしてみると、仕事ができる人のところに仕事が集まってくるため、営業力が必要であると感じたことはない。個人事務所でビジネスをやる以上は、個人にブランドがついているからである。

これは、どちらが優れていて、どちらが劣っているという話ではない。組織で仕事をするのか、個人で仕事をするのかの違いである。

「最近のITの進化と事務所への影響」（62ページ）で述べたように、IT化により雑用の手間は大幅に減った。

そして、ビジネスの世界では、規模の経済が働くためにはそれなりの規模に達する必要があり、中途半端な規模であれば、従業員を雇わないほうが儲かるというのもある。これは、IT化により顕著になっており、規模の経済が働くための規模は、思った以上に大きいという現実がある。

そう考えると、組織ではなく、個人で仕事をやりやすい時代になってきたと考えている。このような時代には、営業力は必要とされず、日々の仕事により、クライアントや周りの信頼を積み重ねていくことにより、地道に個人にブランドを付けていくことが求められていく。

そういう意味では、私が士業を目指した時と異なり、今は営業力はいらないと思うようになっている。

> ## どうやってコミュニケーション能力を
> 身につけるか

● 才木正之 の場合 ▷▷▷

◇ 理論学習と体験学習

　学習方法には、理論学習と体験学習がある。理論学習とは、受験や学校のテストに対する学習をイメージしていただけると良いと思う。

　教科書や書籍から情報を入手して、アウトプットできるように自己訓練し、試験や実践で成果を出せるように記憶と思考を凝らして勉強することである。

　一方、体験学習とは、理論学習したことを体を使って再現しながら、結果を追い求める学習方法である。私が少年時代行っていた野球は、体験学習の身近な例であり、体験学習が必要なスポーツである。

　「ヒットが打てる本」という本をいくら読んでも読むだけでは、ヒットは打てない。

　実際に、トスをしてもらったボールを打つことから始め、人が投げたボールを打ち返す練習を行い、そして試合で、ピッチャーが本気で投げたボールを打てるようになるのである。しかも打率は、３割程度で好打者。

　コミュニケーションという学問は、理論学習だけでは、学習効果はあまり見込めない。どちらかというと、理論学習より、体験学習の比率を高めるほうが良いと思う。

◇ コーチングとファシリテーション

　具体的に、コミュニケーション能力の向上のために学ぶのは、コーチングとファシリテーションである。コーチングは、１対１のコミュニケーションスキルである。学ぶべきスキルとしては、傾聴、質問、フィードバック、承認である。

　特に、傾聴は注意が必要だと私も学習時に痛感した。この文脈に「なるほど」と思って下さった方は、理論学習は完了しているということである

が、傾聴に対する体験学習は、継続して黙ることである。相手の話を先入観なく、聴くことである。

そして、効果的な質問をすることが要求される。この傾聴と質問が、コーチングの中核のスキルである。

ファシリテーションは、1対多数のコミュニケーションスキルである。組織規模が大きくなると、様々なミーティングや会議が開催される。その会議やミーティングの生産性を上げるスキルがファシリテーションである。

わが社においても、自由な風土で、全員が発言し、思考できる会議を目指している。

◇ ロールプレイングと実践

会計事務所では、ロールプレイングを文化として取り入れている事務所は少ないように感じている。前述のように、私は野球をしていたので、練習をたくさんして、試合に臨むという習慣があった。

それに比して、会計事務所もそうだが、お客様である中小企業も同じく、試合の連続で練習が少ないのではなかろうか。資料作成業務、報告等々の「実践」の連続で、なかなか振り返る時間もなく、業務をひたすら進める。

試合の前に、練習する。これが、ロールプレイングである。弊社では、月次決算の報告、決算報告、営業シーンという大きく3つに分けて、月1回はロールプレイングの時間を設けている。ここで、先輩スタッフが社長役をして、若手スタッフが決算報告のロールプレイングを行う。

そこで、先輩役からフィードバックを行い、本番に向けての準備を行うことにしている。営業にしても同じ要領で、営業前にロールプレイングするようにしている。

> ## どうやってコミュニケーション能力を身につけるか

● **菅　拓摩** の場合 ▷▷▷

◇ 相手を喜ばせる気持ちが根底

「営業上手」と社内外で思われているようだが、元々私は営業職など絶対にやりたくなかった。今でも営業に向いているとは全く思っていない。それほど営業が甘い職種でないことはわかっているつもりだ。

しかし、子供の頃から、人を笑わせる、楽しませることは大好きであった。記憶にある限り、最初になりたいと思った職業（当時6歳）は「ドリフターズのメンバー」で、その次が歌手（近藤真彦みたいな）である。

コミュニケーション力については、それが大事であることは十分に認識している。どんな素晴らしい商品、サービスも、相手に伝わらなければ意味がないからである。

◇ コミュニケーションはスキルより気持ち

昨今、コミュニケーションにおいて、スキルの獲得がクローズアップされるが、根底にあるのは相手を喜ばせる、相手に元気になってもらうという気持ちではないかと思う。

正直、気が合わない、プライベートでは友達にはなれそうもない、と思うクライアントもいないわけではない。

それでも困っている姿を見ると、「なんとかしなくてはならない」と心の底から思う。

その気持ちがそのままコミュニケーションにつながっていると思う。

◇ きれい事をどこまで貫けるか？

　私はクライアントである長崎の歯科医の大安努先生と、32歳の頃に、

「経営って、やせ我慢ですよね。患者さんのため、お客様のために頑張ると、利益は度外視になることも多い。でも、どこまできれいごとを貫けるのか、が勝負ですよね」

と語り合ったのをよく覚えている。

　その大安先生の医院は、規模は当時の３倍ほどになり、地域になくてはならない医院に成長している。

　他界した父は、「相手に喜んでもらうのが先。儲けは後。これが鉄則」とよく言っていた。

　経営者としても、医療人としても尊敬する東京の種市良厚先生は、

「患者さんのために最善を尽くす。すると、利益はなぜか後からついてくる」

と何度もおっしゃっていた。

　バックトラッキング、ミラーリング、傾聴スキル、メタファーの活用など、具体的なコミュニケーションスキルももちろん大事だが、土台が軟弱では強い木は育たないように思う。

どうやってコミュニケーション能力を身につけるか

● **佐藤信祐** の場合 ▷▷▷

◇ 学生時代のコミュニケーション能力には意味がない

コミュニケーション能力とは、他者とのコミュニケーションを上手に図ることができる能力を言うらしい。

大学院に通った頃に、若い学生と話していると、コミュニケーション能力がある人というのは、上司に好かれる人、空気を読むのがうまい人、周りの人に助けてもらうのが上手い人だと聞かされた。

新入社員の段階からそういった能力に長けていると、楽をすることを覚えてしまったり、その場をうまく取り繕ってしまったりするのではないかと感じていたが、あまり否定するのもどうかと思って聞き流していた。

一般企業の人たちと話してみると、全員が全員というわけではないが、学生時代からコミュニケーション能力が高すぎて、新入社員の段階から努力を怠っている事案もあるようだ。

あずさ、トーマツで働いていた同僚を見渡しても、新入社員の時の評価はほとんど参考にならない。社会に出てからどれだけ努力をしたかが重要だからである。

◇ あとからコミュニケーション能力はついてくる

私が20代の頃は、コミュニケーション能力はそれほど高くはなかったし、むしろ、「コミュ障」に近かったと感じている。それでも、20代半ばの頃から、セミナーの仕事を行っていたし、クライアントに対する相談業務にも対応できていた。

2年前くらいに、提携先の会計事務所の職員とクライアントと飲んだ時に、クライアントが、その職員に対して「佐藤先生みたいにコミュニケーション能力を高めたほうが良い」というアドバイスをしているのを聞いた時には、びっくりしてしまった記憶がある。

冷静に振り返ると、税務コンサルティング業務におけるコミュニケーション能力は、税法の内容をクライアントに理解してもらうための能力、クライアントから事実関係を聞き出す能力であることから、そもそも税法の知識が高いかどうかで決まってしまうのではないかと考えるようになった。

つまり、仕事ができるようになれば、自然にコミュニケーション能力が身に付くことから、コミュニケーション能力を高める必要はないということが言える。

◇ まずは仕事で自信をつけよう

そうは言っても、ネガティブ志向だったり、根暗だったりするのも良くないので、多少のコミュニケーション能力はあったほうが良いのかもしれない。

意外かもしれないが、私のアラサー時代は、仕事のストレスで愚痴を言っては、毎晩のように、飲んだくれていた。今からすれば、昔の同僚や提携先にご迷惑をおかけしていたような気もしている。

そういった傾向がなくなったのは、35歳を過ぎてからだと記憶している。リーマン・ショックによる売上の減少が底打ちした時期なのか、事務所の売上が回復した時期なのかはよく覚えていないが、仕事で自信がつくようになってくると、考え方もポジティブになってくる。

そういう意味では、コミュニケーション能力を高めるためには、まずは仕事で自信をつけることだと思う。

自分の過去を振り返ってみても、トーマツの同僚から組織再編税制についての評価・信頼が生まれ始めた段階、独立後に組織再編税制の専門家と認知され始めた段階、事務所が安定してきた段階と、少しずつコミュニケーション能力が高くなっていったのではないかと思っている。

どうやって人脈を作るか

● 才木正之 の場合 ▷▷▷

◇ 個人人脈

なんといっても、まずは、個人人脈の掘り起こし。小中高の同級生と先輩後輩、クラブチームの同級生と先輩後輩、大学時代、前職時代等々。自分が歩んできた人生を振り返り、当時の関係性を振り返ることによって、ターゲットを明確化してゆく。

現在では、SNSでの再会も有効だ。私はFacebookを使用しているが、中学時代の同級生、高校時代の後輩との再会が、ビジネスに発展した事例もある。

また、同窓会も素晴らしい出会いの場だと考える。私は、あまり参加していないが、参加しているスタッフから良い報告を受けている。

ただ、この同窓会については、単に参加者として参加するのではなく、できるだけ事務局的な役割を担ったほうが良いとも聞く。理由は、参加のみではなく、事前準備の段階から関わって、メンバーと出会うと、参加者からは、「幹事さん、ご苦労様」といった会話が弾むということもあるからだ。これも、1つの戦略だと思う。

◇ 紹介活動

人脈を広げるという結果を求める場合は、上記の個人人脈の振り返りとは全く逆の発想になる。

個人人脈の掘り起こしは、お互いの共通事項を手繰りよせ、仲間意識を醸成させたところで、ビジネスの話に展開するプロセスをたどる。

一方、人脈を広げるということは、良き人脈を広げて、新しいクライアントを発掘するという場合が多い。となると、求める結果は、クライアント開発であるので、契約してもらえそうな状況を先に想定する。

この想定は、ニーズが明らかで、そのソリューションがそのクライアン

トにとって有効だということが必要である。

業種特化の事例だが、10店舗規模の飲食業を営む企業の人事制度構築が得意なコンサル会社では、そうした10店舗規模の飲食店経営者に商材提供している商社を紹介してもらう。

そうすると、その商社のお客様に「御社は、人事制度にお悩みはないですか？」と順番に質問していただく。そこで、「問題なんだよ」とおっしゃっていただくと、紹介も機能する。

それが、「どこか人事で困っている会社を紹介してください」というと、こちらのターゲットとは違う会社が反応される場合がある。これは、お互いにとって非効率だ。

つまり、紹介してほしい人をしっかりと確定してから、紹介活動をしなければならないということである。

◆ セミナー開催

テーマのないセミナーはない。

「いまさら聞けない事業承継の基礎」「経理改善による中小企業の効果を語る」「絶対達成する経営計画書の作り方」等々、セミナーには、そのテーマに対して興味関心をお持ちの方々が参加される。

もちろん、社長や担当役員の指示で参加されている方もいるが、基本的には、興味ある人たちが集うので、見込み客だけなく、良きネットワークになりうる方々と出会えることもある。

上記は、セミナー講師としての話だが、セミナー受講者としての出会いも有意義である。同じ視点で参加している仲間とのネットワーク作りも有意義だと感じている。

どうやって人脈を作るか

● 菅　拓摩 の場合 ▷▷▷

✧ 人脈作りは得意ではないが……

「人脈とは、頼る人のことではなく、頼られる人のこと」
と何かの本で読んだが、少なくとも、異業種交流会や賀詞交換会で名刺を
1万枚交換しても、大した人脈にはなり得ないと思う。可能性を広げるに
はよいのだろうが、時間を使い、退屈な割には、効率が悪いのではないだ
ろうか？

もっとも、人脈作りは、私はかなり苦手なジャンルである。

経営者でありながら、時間を取られるのが嫌で、JC（日本青年会議所）に
もライオンズクラブにも所属しなかった。今も同様だ。しかし、こうした
活動も、人脈作りのためには、やらないよりはやったほうが良いのだろう
とは思う。

コミュニケーションの話とかぶるが、今、私が「人脈」と呼べるような
方々は、過去にどこかの場面で仕事を共にした人である。当然だが、その
関わりの頻度が多くて、苦楽を共有した経験が多い人ほど深いつながりと
なっている。

そうした方々は、金融機関の医療チーム、弁護士、司法書士、弁理士、
保険会社などに多いが、過去に一緒に仕事を共有したことで今もつながっ
ている。

また、私の管轄である福岡、佐賀、佐世保オフィスの1,700社のクライア
ントも、お客様であると同時に、人脈といえば人脈であると思っている。

✧ 選り好みせず、とりあえず会ってみる

最近、東京で独立した経営コンサルタント、笠原慎一氏の紹介で、主に
東京の元気なベンチャー企業の社長にお会いしている。一見関係ないと思
える業種でも、とりあえずお会いするようにしている。

2018年には、ある第2電力の会社の社長とお会いしたが、そのサービスがとても良かったので、自社に導入し、今は全クライアントにご紹介している。低圧、高圧に関係なく、平均で15〜30％の電気代が浮くのでとても喜ばれているし、この会社はこれを機に税理士をチャネルにして業績を伸ばしている。

その他にも実際にお会いした人事採用のコンサルティング企業、人財発掘の会社、海外進出支援の企業の方々はみな実に魅力的な方々で、「やってやるぞ！」という勢いをひしひしと感じた。

私は決して、誰とでも仲良くなれる性格ではないのだが、それだけに、「とりあえず会うだけ会ってみる」くらいの努力は怠らないようにしなければと思う。

そして、限られた時間内でできるだけ相手の良いところを見つけて、こちらが先に貢献し、少額でも何らかの形で共にビジネスができれば、それがそのまま人脈の形成につながると経験的に思っている。

> ## どうやって人脈を作るか

● 佐藤信祐 の場合 ▷▷▷

◇ トーマツ OB のネットワーク

　もちろん、独立開業後も、1つひとつの仕事をきちんと完成させること
で、クライアントや周りからの信頼が生まれ、次の仕事が紹介されること
がある。そういったつながりから仕事が広がって、独立開業後に、新しい
人脈が生まれていくことがある。

　しかし、ビッグ4のマネージャークラスが独立するパターンでは、ビッ
グ4に勤務していた時の人脈を大事にしたほうが良い。

　10人、20人程度のネットワークならともかくとして、それを超えるネッ
トワークを構築するのはかなり難しい。とにかく、ビッグ4に所属してい
る人数が多いからだ。

　私の場合も、独立開業した直後は、トーマツOBから仕事を紹介しても
らったし、現在も、トーマツOBに助けてもらいながら仕事をしている。そ
う考えると、ビッグ4からの独立はやや特殊なのかもしれない。

◇ 自分が年を取るとともに、周りも成長していく

　私が独立開業をしたのは28歳の時だった。27歳でマネージャーになり、
やや早い昇進であったということもあり、どちらかというと10歳くらい
上の人たちとの交流のほうが多かった。

　若いうちの独立は、いろいろと嫌な思いもする。40代、50代の人達と一
緒に仕事をしていても、彼らの下で働いている20代、30代の人達と対等に
扱われることがある。

　しかし、独立開業をした立場からすると、彼らの部下と対等の扱いでは
なく、彼らとの対等の扱いを要求せざるを得ない。そういう認識の違いが
あると、長期的には一緒に仕事をすることができない。

　しかし、35歳を過ぎたあたりから、同世代の独立が増えてくる。40歳を

過ぎた現在では、自分よりも若い世代の独立も増えてくる。そうなると、お互いにメリットのある提携関係を作ることが可能になってくる。

35歳を過ぎると、依頼される仕事も自然と増えてくる。会計事務所向けの顧問契約が増えているし、チャージレートも10万円／時間まで引き上げることができた。さすがに、30歳の人に顧問になってもらいたい会計事務所はそれほど多くはないだろう。

最近は、年齢が解決することもあるというのを感じている。

◆ 人脈の選別も必要になることがある

さらに、人脈の選別も必要である。意外に思われるかもしれないが、学生時代の先輩、友人からの仕事の依頼は、なるべく慎重にしたほうが良いと思っている。どこかで甘えが出てしまうからだ。

ビジネスの世界で、敬語を使われなかったり、名前を呼び捨てされたりした場合には、どこかで甘えが出てしまい、問題が生じることがあると思ったほうが良い。

学生時代の先輩、友人と仕事をすることもあるが、長期的にビジネスができる関係が成立するかどうかは、他の人がいる前で、どのような態度で接してくるのかでわかることが多い。

また、リスクのある仕事を紹介してくる人は、次もリスクのある仕事を紹介してくるという傾向があるし、割に合わない仕事を紹介してくる人は、次も割に合わない仕事を紹介してくる傾向がある。

その逆もしかりで、安全な仕事、割に合う仕事を紹介してくれる人は、次も安全な仕事、割に合う仕事を紹介してくれる傾向にある。

そう考えると、人脈の選別というのも必要になると考えている。

どうやって仕事を取りに行くか

● 才木正之 の場合 ▷▷▷

◇ 反響を生み出す

仕事を取りに行く前に、弊社への興味・関心を示していただき、問い合わせをいただかなければならない。

ターゲットとしているお客様の属性によって、プロモーション戦略は大きく違ってくる。個人の相続税申告業務をターゲットにするのか？ 新設法人の税務サポート業務をターゲットにするのか？ 事業承継に悩む中小企業オーナーをターゲットにするのか？ で、それぞれのプロモーション戦略は違う。

弊社は、売上高3〜100億円の企業をターゲットにしているため、ホームページから直接問い合わせをいただくことは、ほとんどない。

では、どのような手段をとっているのか？

それは、紹介による反響である。「どうやって人脈を作るか」（162ページ）で述べたが、紹介活動を通じての反響が一番多い。同じ規模で、同じ業種の企業同士が集まる会合に出かけて行って、既存のお客様から紹介していただく。

既存のお客様からの「うちの顧問税理士の先生です。今まで、決算予測精度が低くて困っていたんだけど、今は、快適に決算前から決算を迎えることができるようになったよ」との紹介に、相手から「うちも、決算はギリギリにならないと、納税予測数値も出してくれないので、困っているんだよね」という声をいただけると、商談に入りやすい。

◇ 案件化面談

上記のように、案件化すると、個別にニーズをじっくりとお聞きしながら、真の問題点まで到達できるように心がける。

「今の税理士さんはイマイチだから、見積もりしてもらえませんか？」と

いうような表現は、要注意だ。

　現在の税理士さんに、無理難題を押し付け、金額面の要求も厳しく、現状に満足できないので、会計事務所を転々と渡り歩く法人に出会ったことがある。その時のフレーズが、上記のフレーズであった。

　会計事務所は、サービス業なので、顧客の抱える問題の解決をしなければならない。顧客の問題を明確にわかりやすく分析し、その問題を解決できることがサービス提供だ。

　したがって、最初の面談でのニーズ確認は非常に重要で、じっくりと時間をかけている。

◇ クローズ

　ニーズが明らかになると、そのニーズを再度顧客に確認する。ニーズが明らかになった瞬間に、「それなら、できます！」と昔は、直ぐにクローズに向かっていた。

　しかし、10年前に営業研修を受けてから、クローズは、ニーズの確認を十分に行い、問題解決できるイメージを言葉で共有し、お互いの期待感を持った状態で、力強く行うということを学んだ。

　会計事務所に勤務するスタッフは、営業業務が苦手な方が多いと思われる。実際に、私も会計事務所に入った時には、自分が営業をするとは想像もしていなかった。しかし、現実問題としては、営業をしなければ顧客は増えないのも事実であり、営業を学ぶということは事務所を成長させるプロセスにおいては重要なのである。

　特に、このクローズのスキルは、営業スキルの中でも、一番重要だと感じている。ついつい、金額提示の後に、値下げしてしまうことがあったが、営業スキルを学んでからは、しっかりと自信を持って金額を提示し、顧客の返答を待てるようになった。

> ## どうやって仕事を取りに行くか

● 菅　拓摩 の場合 ▷▷▷

◇ 紹介 ⇒ 訪問がメイン

　意外に思われるかもしれないが、弊社はセミナーや DM 等で、ダイレクトに契約に至るパターンは非常に少ない。WEB マーケティングも、お客様には提案する一方で、自社のことは後回しで、無いも同然である。

　とはいえ、経営者になってからは、色々なことを試してはいる。

　その中で最も効率が良かったのは、第3者の紹介による直接訪問だった。

　となると、弊社を紹介してくれる人を探さなければならないが、利害が一致する人は意外といるものだ。

　銀行、保険会社、医療ディーラーなど、彼らが今何を欲しているか？

　どうすれば、お客様を含めて全員がハッピーになれるかを必死で考えれば、提携はそれほど難しくないと思うし、こちらが不義理をしなければ、その関係は長続きすると思う。

◇ 弱者は提案がすべて

　弊社は父のころから、「弱者」であることを自認している。

　市場には常に自分より強者がいるものだ。そして、市場の後発組はよほど頑張らないと先発組に勝つことはできない。

　例えば、新規顧客を訪問した際は、私よりも経験も信頼もある税理士に挑まなければならないわけで、その場でいかに魅力的な提案ができるかだけを考えていた。

　なるほど、その時にコミュニケーションスキルが磨かれたのかもしれない。しかし、提案そのものは決して突飛なものではない。医療関係なら、

- ●医療法人化
- ●MS法人の設立
- ●生命保険の活用
- ●介護事業の設立
- ●人事問題の予防と解決

等である。

　大事なのは、相手が欲するものは何かである。また、提案するだけでなく、その場で提案効果の実額を伝えることにしている。

◇ その場で提案できるかどうかがカギ

　提案営業は、目の前にいる経営者が本当に望んでいるものを聞き取り、どうやったらそれを提供できるのか？　で成否が決まる。

　そのためには、提供できるメニューが多いほうが良いに決まっており、弊社の多角化もこのあたりから生まれているものも多いと思う。

　一般企業だと、借入れや資金繰りの改善に関するアドバイスはよく行う。事業承継問題なら株式交換や分割、合併による対策などを提案しているが、これらは大手事務所ならどこでも行っていることでもあろう。

　よって、医療関係に比べて、一般企業、それも中堅クラスの成約率が低いのは課題の1つとなっている。

　いずれにしても、大事なのは、できるだけ事務所に持ち帰らずに、その場で経営者の望む解答を提案することであろう。

　経営者はせっかちな人が多く、最初に気に入ってもらえなければ2度目はない。孫子の兵法ではないが、相手を知らずしてビジネスはできないのだと、今さらながら思う。

どうやって仕事を取りに行くか

● 佐藤信祐 の場合 ▷▷▷

◇ 1つひとつの仕事の積み重ねが重要

「どうやって人脈を作るか」（166 ページ）で述べたように、独立開業した直後は、トーマツから独立した先輩に挨拶に行ったり、トーマツ OB を紹介してもらったりしていた。

そのほか、トーマツの上司、同僚やトーマツのクライアントから仕事を紹介してもらったこともある。

さらに、1つひとつの仕事をきちんとしていると、そこから仕事の紹介を受けることがある。例えば、ある案件で一緒に仕事をした弁護士から、別の案件の仕事の依頼を受けたことがある。

◇ 入り口が安いとその後も安くなる

PART①で述べたように、ランチェスター戦略に従って、出版、セミナーも活発的に行った。

なお、セミナーから仕事を受注するのが難しいという意見がある。この点については、受講料が高いセミナーからだと、きちんと報酬をいただける仕事が来ることが多いと感じている。受講する側も本気で聞きに来ているからである。

そのため、「初回相談無料」というやり方は、税務コンサルティング業務には不向きだと感じている。

◇ ブログやDMは意味がない

インターネットが発達したことから、ブログや Facebook を積極的に行ったり、広告や DM を行ったりするのを見かけることがある。

業種によっては効果があるだろうし、会計事務所でも、申告書作成業務を獲得するなら一定の効果が期待できる。

しかし、税務コンサルティング業務となると、インターネット上のアピールは、自信がないからアピールしていると思われる。ブログやDMは、場合によっては逆効果になってしまうと考えている。

◆ 定期的な情報提供の必要性

出版については、単行本や雑誌を読んで依頼することを決めたのか、もともと依頼するつもりだったのかがわからないため、直接的には仕事につながっていないのかもしれない。

そうは言っても、定期的な情報提供がブランディングにつながっているのは事実であるため、定期的な情報提供はすべきであると考えている。

1～2年くらい書かなかったからといって、ブランドが維持できなくなるとは思えないが、5年も書かないとさすがにブランドが維持できなくなってくる。

そして、途中で辞めてしまうと、情報提供を再開するのも億劫になってくる。そのため、定期的な情報提供をし続けることは必要であろう。

◆ 情報の量よりも質の時代になってきた

しかし、最近は読者も賢くなってきており、単行本や雑誌に書いているからといって、その分野にくわしい専門家だとは思ってくれない。

つまり、単行本や雑誌に書くのであれば、それなりの品質のものを書かないと仕事につながっていかないということが言える。

これが最近の悩みであり、単行本としてまとめて掲載すべきものと、トピックがあるときにだけ電子媒体に掲載すべきものがあるのではないかと感じ始めている。

この点については、2020年に今までの集大成としての単行本を出版する予定であるため、その後にじっくり考えたいと思う。

専門知識をどうやって高めるか

● 才木正之 の場合 ▷▷▷

◇ 情報は外部にしかない

「新しい情報は、外部にしかない」当たり前だが、とても重要な言葉だと考えている。

繰り返すが、会計事務所は、サービス業である。損益計算書で表現すると、「売上高＝売上総利益」である。つまり、仕入がない。

製造業であれば、材料費、労務費、経費という製造原価がある。卸売業、小売業は、商品仕入勘定がある。しかし、サービス業には仕入がない。

損益計算書では、サービス業に仕入勘定は存在しないかもしれないが、実態としては、情報収集活動が仕入活動に該当すると考えている。「専門知識の仕入れ」である。

では、どれだけの仕入活動を行っているのであろうか？

モノを仕入れる事業体であれば、見積もりを行い、比較して発注し、納品時に検品をして、仕入勘定が損益計算書に認識される。私たちの活動に当てはめると、新たな情報はどのように仕入れているのであろうか？

税務通信に目を通す。国税庁のホームページ情報を定期的にチェックする。各税法の大家の先生の書籍や論文を読み込む。等々、様々な活動が想像される。

情報源はすべて、外部に存在する。

◇ 社内での共有

では、事務所内部に取り込んだ情報をどのように取り扱うか？　つまり、仕入れた商品をどのように倉庫で管理して、どの順番でお客様に提供するのか？　どのような荷姿で提供するのか？　包装形態はどのようにすべきか？　溶接は必要か？　さび止めは必要か？　というように、商品・製品が目に見えれば扱いやすいが、われわれのように情報を扱う事業体では、

どうしたらよいのであろうか？

　それには、同じ情報をそれぞれの立場で検討し、お客様にどのようにサービス提供できるのかを議論しなければいけないと考えている。

　回覧板で、必要な情報を回覧し、押印する。デジタル情報をチャットで送って、読んだという表現で「いいね」を押す。そうした行動で共有できたと思うことは浅はかではないか。しかし、まず、共有しなければ議論はできない。

◆ すべては問題解決のため

　専門知識を高めるのは、何のためか？　新たな情報は何のために、仕入れるのか？

　それは、お客様の問題を解決するためである。潜在化している問題を顕在化させて問題解決を図ることが目的である。

　したがって、外部の情報を入手して、情報を共有するという行動のすべては、問題解決へとつながっているべきである。税務通信を読もう！　みんなで情報を共有しよう！　ということ自体が目標になっている場合も多く見受けられる。これは、「手段の目的化」と呼ばれる現象である。

　「今月は、どのような問題解決ができたのか？」「新たな問題解決の新メニューは何か？」というような、目的をベースにした取組みが必要であろう。

　絶えず問題解決をしているチームは、この概念をしっかりと理解して、日々の業務に取り組んでいる。

　「手段の目的化」は、われわれもいつも注意している言葉である。

専門知識をどうやって高めるか

● 菅　拓摩 の場合 ▷▷▷

◇ 座学は現場で使ってこそ活きる

　税理士である以上、税務そのものが専門知識であることは間違いない。しかし、実際に地方都市でいわゆる街の税理士として活動すると、佐藤信祐先生が専門とされるような組織再編の業務は頻度が少なく、日頃は使わない可能性が高い。国際税務も然りだ。

　実際、4大税理士法人で勤務した後に石川県に帰った税理士の方が、「東京で身に付けたスキルがほとんど役に立たない」と話していた。もちろん、それでもある程度は勉強しておく必要があるわけだが。

　セミナーや勉強会に出かけて、講師の話を聞きながらいつも思うのだが、

「この情報をどこのクライアントに提供しようか？」

を考えながら学ぶことが大事なのではないだろうか。勉強のための勉強では意味がないし、ビジネスにもならない。

　また、ある先輩税理士がこう言っていた。

「税理士には2種類ある。1つは否定のために学ぶ税理士。1つは提案のために学ぶ税理士だ。しかも前者が圧倒的に多い」

　要するに、勉強して、「〜するとリスクがありますよ」と、面倒な依頼を断るために勉強する税理士が多いとのことだ。

　強者はそれでも良いだろうが、弊社のような弱者は、常に良いと思ったことを提案、実行する立場でなければならない。

◇ 現場でしかわからないことが多い

例えば、脳神経内科の開業の案件が来た時、読者の皆様はどのように考えるだろうか？ 私の場合で恐縮だが、

- 脳神経内科なら、最低でも MRI とエコーは必須
- MRI は現在の病院と同じ、1.5 テスラの○○社製がベストだろう。
- そうなれば、医療機器だけで 1 億円は超えるはずだ。
- MRI が入るならシールド工事で 1,000 万円、リハビリも行うなら総面積で 100 坪は欲しい。
- だとしたら、投資総額にして 2 億 5,000 万円はかかるだろう。
- であれば、○○銀行に話を持っていくべきで、サブは○○銀行。
- 18 坪をリハ室に使うなら、適正なリハビリのスタッフ数は……

といった具合で思考が展開されていく。必要であれば、知り合いの専門家や関連業者から情報を仕入れることになる。

医療にくわしい税理士にとって、上記はごく日常的なことなのだが、税法とは無関係のことであり、ほとんどを現場で学ぶことになる。

座学は大事だが、結局現場でしかわからないことも多い。

まして、中小企業の経営者がどういう思考をしていて、何を欲しているか？ どうしたら喜んでくれるのか？

専門知識は使ってこそ意味がある。どこでどう使うかは、結局現場に行かないとわからないと思う。

専門知識をどうやって高めるか

● 佐藤信祐 の場合 ▷▷▷

◇ 勤務時代の経験

　トーマツで勤務していた時に組織再編チームに所属していたこともあり、組織再編税制を専門として独立するようになった。多くの人たちがそうであるように、勤務時代の経験が独立開業後の基盤になっている。

　トーマツで学んだことは、常に条文を確認する姿勢である。ひたすら条文を確認することで、専門能力が少しずつ上がっていくと考えている。

◇ 執筆活動の中で高めた専門能力

　トーマツで勤務していた頃も、執筆活動を活発に行った。独立開業した後も、執筆活動を活発に行った。

　幸いにして、独立開業後も、トーマツ時代の上司や同僚との共著も多く、専門能力を維持するのに役に立っている。

　執筆活動をしていると、その分野について徹底的に調べる必要があることから、税制を理解するのに役に立つ。本を読んで勉強するのではなく、本を書いて勉強したほうが、専門能力が高くなると考えられる。

◇ 勉強会には意味がない

　独立開業をすると、いろいろな勉強会から声をかけられるようになる。いくつか参加したことがあるが、1年で参加しなくなってしまった。

　多くの勉強会では、中心となる偉い先生がいて、その偉い先生の見解を確認する場となっている。そういった偉い先生がいない勉強会の場合は、仲間内で交流するための場になっており、勉強会の後の飲み会のほうが目的になっていることが多い。

　税制改正などのトピックを確認したりする程度であれば有用であるが、専門知識というレベルになると、勉強会では身につかないと考えている。

✦ 大学院進学による気持ちの変化

多くの諸先輩方を見ると、公認会計士、税理士としての専門家のピークは30代前半だと思われる。実際に、私の専門家としてのピークは32歳であった。

そういったこともあり、どこかの時点で、勉強をし続けなくてもよいビジネスにシフトするのではないかと考えていた。

しかし、大学院で勉強をしている中で、勉強をし続ける姿勢を取り戻すことができ、大学院の外でもセミナーを受講したり、情報を収集したりするようになっていた。

さらに、75歳まで現役の諸先輩方を見ていると、常に勉強をし続けること、そのために、専門家としての能力が高いアラサーの同業者に対して、常に謙虚な態度で接していることに気がついた。

すなわち、常に勉強をし続けることにより、75歳まで専門家として働けるという答えにたどり着いた。

✦ お金を払って、聞けばよい

しかし、セミナーを受講しても、入門レベル、基礎レベルの集客が良いため、応用レベルのセミナーは年々減っている。そうなると、ある程度のレベルになったらセミナーでは物足りない。

そこで最近は、その分野の専門家にお金を払って、質問をするようにしている。チャージレートに見合う報酬を支払えば、きちんと対応してくれるからである。

今後は、セミナーを受講するよりも、お金を払って質問することのほうが増えてくると感じている。

ワークライフバランスをどう考えるか

● 才木正之 の場合 ▷▷▷

◇ 時間を意識する

「働き方改革」。このキーワードは、これからの企業経営には切り離せないキーワードであろう。しかし、この「働き方改革」を単純に労働時間の短縮のみに重点をおくと、売上・利益ともに減少する。

非常に単純な構造である。では、どのようにしたらよいのか？

その答えの1つは、時間当たりチャージを測定し、その目標管理をするということだ。弊社では、スタッフ総労働時間の時間チャージ目標を10,000円と設定している。現在では、大体7,500円が実数値である。

この数値目標こそが、真の働き方改革のKGI（Key Goal Indicator）であると考えている。

もう少し踏み込むと、総労働時間を直接時間（直接お客様に費やしている時間）、間接時間（日報処理、総務処理時間等の間接時間）、研究・研修時間（社内研修、外部研修、会議等のスキルアップ時間）との3区分に分類し、階層によって、各3区分の配分時間を設定する。そして、直接時間チャージ目標を設定し、その目標管理をすることが具体的な管理方法である。

なぜなら、総労働時間で管理すると、忙しいときには、研修や会議が後回しになってしまう。そうなれば、「専門知識をどうやって高めるか」（174ページ）の知識向上に充当する時間の確保ができなくなり、結果として、悪循環を及ぼすことになる。

◇ 働き方の多様化

現在、弊社では、上記の取組みを強化している。もし、この取組みが成功した場合、もっと働き方が多様化できると感じている。

子育て中のスタッフは、直接時間を少なくしながら、時間チャージをキ

ープできれば、総労働時間はコントロールできる。しかも、メンバーとの研修や会議時間を確保できれば、常勤メンバーとの違和感もなく、働くことができるのはないかと感じている。

　上記は、子育て中という理由を想定したが、これからは、家族の介護や長期休暇等々の理由も考えられる。

　どのような理由であれ、働き方が多様化することは、間違いないことである。「そんなことは許せない」「そんなことは考えられない」という声も聞こえるが、そのようなことを言っている余裕はない。チャレンジしながら、社会環境変化に対応するのみである。

◈ 時間当たり生産性アップ

　社会環境変化に対応できる原資は、やはり利益である。このテーマで言えば、高い時間チャージを実現することである。

　競争戦略の大家であるマイケル・ポーター教授の大好きな言葉がある。

　「優れた収益性を獲得する方法は、高い価格を顧客に要求できる能力。これができれば、競争力を有する。高い価格を要求できるということは、顧客がより高い価格を払いたいと思える商品を提供できるということ。これを実現する方法はたくさんある。高い価格を獲得し、コストをうまく管理できれば、素晴らしい収益性が得られる。競争における大変魅力的なポジションである」

　この状態を実現できれば、ワークライフバランスを実現できる組織におのずとなれると考えている。

ワークライフバランスをどう考えるか

● 菅　拓摩 の場合 ▷▷▷

◇ ワークライフバランスへの違和感

　ワークライフバランスという言葉が出てきたのは、10年ほど前だったと記憶している。遊びも含めて、生きるのに必要な資金を得るために、各自が必要に応じて働けば、それで良いと思う。

　しかし、ある税理士事務所の働かないことで評判の二代目所長の、「これからはワークライフバランスの時代だ」という趣旨の寄稿を読んだ時はかなりの違和感を覚えた。その事務所は、彼の代になってかなり業績が落ちたそうだ。

　仮の話だが、大学受験での「勉強しすぎ」も抑制されるべきなのだろうか？

　結局は自主性の問題なのだろうと思う。労働者が無理を重ね、経営者の都合で働かされるのは罪悪だが、そのような企業は社会から退出させられる。

　一方で、もっと働きたいのに働けないような状況を目指すのは、おかしいと思う。

◇ 超ハードワークの友人

　私の大学院の友人で、学部卒業後地元の小さな薬品会社に就職したが、退職して大学院に入った人がいた。彼はここで猛勉強した。そして、大手のコンサル会社に就職し、週100時間以上働いた。彼の年収はすぐに3,000万円を超えたらしい。

　その後、医薬品のマーケティングの専門家として研究機関に属し、さらに転職して今も大活躍している。今は勤務はずいぶん楽になったそうだが、都内に一軒家を構え、毎年海外旅行に行き、とても幸せそうだ。

◇ ハードワークだからこそ、遊びも楽しくなる

私自身はというと、就職してからは朝7時には出社して、夜11時くらいまで働くのが常であった。正月明けからゴールデンウィークまで不休だった年もある。こういう生活が7年くらい続いた。35歳の時に、少し体調を崩してからはセーブするようになったが、人より成果を出したければ仕事に没頭する時期が必要なのではないだろうか？

もちろん、労働基準法の問題もあるので、これをスタッフに強要することは絶対にできない。こういう過去の働き方を披露すること自体、経営上のリスクになるのかもしれない。

しかし、法を守りつつも、燃えて頑張っているスタッフに冷水をかけるようなことは、できるだけしたくないと思っている。

ハードワーク中に楽しみがなかったかと言われればそれは違う。むしろ、積極的に遊びも計画していた。学生時代の夢だったモルディブにも行ったし、年に2回は京都に出かけて、写真撮影を楽しんでいる。昨年は1週間北海道を旅行し、途中で鮭の遡上を見て深く感動した。日頃がハードだからこそ、遊びもまた格別に感じることができるのだと思う。

◇ 人生100年の時代

『LIFE SHIFT―100年時代の人生戦略』という本に、今の若い世代はかなりの確率で100歳まで生きるとあった。だとすれば、65歳で退職すると、35年間、年金主体で生活することになる。これはかなり困難を極めるだろう。

結論として、80歳位まで働くことを覚悟すべきだ。だとしたら、今までと異なり、60歳を超えても若々しく、チャレンジ精神をもつ必要があると思う。80歳まで働くとしたら、「ワーク」と「ライフ」を峻別する人にとっては、苦痛以外の何物でもないかもしれない。

しかし、「ワーク」は「ライフ」の大切な一部だと考えることができれば、幸福のあり方もまた変わると思う。

ワークライフバランスをどう考えるか

● **佐藤信祐** の場合 ▷▷▷

◇ 20代はしっかりと勉強すべき

個人的には、20代の頃からワークライフバランスを考えるべきではないと思っている。最低賃金の引上げ、残業規制、高度プロフェッション制度、これらを組み合わせて想定される世界は、中間層と貧困層の格差縮小、富裕層と中間層の格差拡大である。

そして、若い世代にとって、残業規制はチャンスであると考えている。プライベートの時間にきちんと勉強をしていれば、仕事中に調べたり、悩んだりする時間が減っていくことから、仕事のスピードが上がっていく。

そういう意味では、士業の世界では、プライベートの時間に勉強をしたかどうかで、仕事の能力が決まっていくし、頭の柔らかい20代こそが勝負であると考えている。

◇ ストレスのない生活が重要

ストレスのある生活は仕事に支障をきたすことが多い。どうしても、周りとの人間関係が悪化してしまう原因になったり、仕事でミスを犯しやすくなってしまうからだ。

そのため、最近では、ストレスのない生活を送るために、やりたくない仕事は断るようにしている。やりたくない仕事とは、ミスの生じやすい仕事、リスクの高い仕事である。こうした仕事は、どうしてもストレスが溜まる。

「仕事でミスをなくすためにしていること」（134ページ）で述べたように、報酬が安い仕事はミスが生じやすいと言える。そのほか、コンプライアンス意識が低いクライアントの仕事もミスが生じやすいと言える。

人から聞いた話なので、どこまで正確かわからないが、平均在職年数が1年を下回っている会計事務所があり、退職した職員からの引継ぎがきち

んとされなかった結果、損害賠償につながるミスが生じてしまった事案があったとのことである。

当事務所では、税賠訴訟を受けたことがないので、実際のところはよくわからない。しかし、ブログなどに書いてある事案は、面白い事案だけを集めているからなのかもしれないが、そもそもクライアントがブラックで社内の体制が不整備だったり、コンプライアンス意識が低かったりすることが原因であるものも少なくない。

そう考えると、直感的にストレスが溜まると感じる場合には、リスクが高い仕事である可能性が高いため、その仕事を断るという勇気も必要であると考えている。

◇ ダイエットをして思ったこと

私事ではあるが、2017年は執筆活動が忙しく、78kgだった体重が83kgに増えてしまった。

これはまずいと思い、18年3月からダイエットを始め、6月からパーソナルジムに通うようになった。結果として、83kgだった体重を69kgまで減らすことができた。現在も筋トレは続けており、それなりに体力もついてきたことで、より前向きに仕事ができるようになった。

だいたい週に2日の筋トレを行っているが、筋トレした日は、お酒を飲むことができない。筋トレする日の前日も、翌日にお酒が残っているわけにはいかないから、お酒は控えめに飲まざるを得ない。結果として、まともにお酒を飲める日が減ってしまったため、あまり外で飲まなくなってしまった。

そうしたところ、深夜残業に対応できる体力が戻ってきた。35歳を過ぎたあたりから21時以降の残業がきつく感じていたため、40歳を過ぎると、定期的な運動は必要なのだと感じるようになった。

> ## これからの公認会計士、税理士業界は
> どうなるか、その見立て

● **才木正之** の場合 ▷▷▷

◇ 希望者はますます少なくなる

　国税庁のデータによると、平成21年の税理士試験受験者数（実数）は、51,479人。平成30年度の税理士試験受験者数（実数）は、30,850人。この10年間で受験者数は、なんと59.9％への落ち込み、40％の減少だ。この勢いであと10年落ち続けると、2028年の受験者数は、2万人を切る数字になることも考えられる。

　もしも、このまま減少していけば、現在の企業数では申告をサポートできる会計事務所がなくなるということも予想される。つまり、申告難民企業が発生するということになりかねない。

　そのような事態になる前に、ビッグ4をはじめ、大手会計事務所は人材不足解消のために採用強化を進めるであろうし、就職希望者そして求職者が減ると、ますます寡占化が進むと考えられる。

◇ 単純業務はなくなる

　そして、ITテクノロジーの進化により、デジタル情報でのAPI連動が加速し、今までの作業レベルの記帳代行型の仕事はなくなり、かつ、税務申告業務もディープラーニング機能により、AI申告ができるようになるかもしれない。

　会計の領域でも、決算書分析や業績管理システムによるビッグデータ分析が可能になり、「現在の経営状況では、3か月後に資金ショートが起こる」や「このままでは、決算目標達成は厳しい」といった予測情報を提供してくれるであろう。

　ということは、現在行っている記帳代行業務、税務申告業務そして決算分析業務や業績管理システムサポート業務は、ITテクノロジーの進化によって、人の労働による価値提供がなくなるかもしれないということであ

る。

　いつの時点で、その状態が実現するのかもわからないし、もしかすると、上記業務も継続して人間が提供しているかもしれない。しかし、私は、こういった業務がなくなるとの仮説を立てて、別のサービスを提供したいと考えている。

◇ コミュニケーションは必要

　いくら、システムが一瞬にして様々な情報を提供してくれたとしても、その情報をキャッチして、思考を通じて実行の意思決定をし、実際に行動を起こし、そして、その結果をまた受け止めるといった作業を行うのは、人間であり続けることは事実であろう。

　弊社は、経営理念に「私たちは、お客様とともに、お客様の問題解決を通じて、お客様の成長発展に貢献します」と掲げている。

　「お客様とともに」というところが重要である。企業人が行う意思決定プロセスを一緒にサポートさせていただくことが、サービス提供のコアとなる。

　この業務は、人類を中心とした経済活動がある限り、永遠になくならないであろう。そうであるなら、「どうやってコミュニケーション能力を身につけるか」（156ページ）で述べた、コミュニケーション能力を磨き、お客様と寄り添うことができ、問題解決に役立てる情報提供ができれば、会計事務所としてのサービスは滅びることはないと確信している。

　経営環境変化に素早く反応し、顧客はだれか？　その顧客の問題はどこに存在しているのか？　を常に考えて、行動すれば、必ず道は開けてくる。

> これからの公認会計士、税理士業界は
> どうなるか、その見立て

● 菅 拓摩 の場合 ▷▷▷

◇ 会計業務と申告業務への AI と RPA の影響

会計業界ほど変化が少ない業界も他に例を見ないと思う。なにしろ、今だに計算機を使い、手書きの申告書も時折見かけるのだ。

しかし、全体としては世の中のすべての「手続」と呼ばれるものは、簡素化、デジタル化されてゆくと考えるのが自然であろう。

データ入力して帳簿を作成し、申告書を作成するといった現在の基本業務は、AI と RPA の進化によって、かなりの部分が自動化されると考える。

その進化のスピードは、業界に携わるエンジニアの数とマーケットの大きさによって決まると考える。経済センサスによれば、会計業界のマーケットは 1 兆 3,000 億円ほどとのことだ。

これは、弁護士業界とほぼ同じらしく、自動車業界の 55 分の 1、コンビニ業界の 6 分の 1 ほどでしかない。引く手あまたの AI 関連企業が、会計業界をどの程度魅力的に感じているか？　普通に考えれば、その優先順位は低いと思われる。

とはいえ、時間と共に会計業務も進化するであろう。その際は、最新の技術に精通した事務所とそうでない事務所で製造コストがかなり変わってくると思われる。

顧客側に立てば、品質が同じなら安いほうが良いわけで、自動化と高品質化を達成した事務所だけが生き残れるのかもしれない。

ひところ、「パソコンが〇台ある」というのが、会計事務所の先進性を示す指標であったが、近い将来、「SE が〇名、ロボットが〇台」がその指標になってもおかしくないと思う。

◇ M&A と大型法人同士の競争の激化

税理士法人の制度ができた時、税理士事務所も監査法人のような大規模

化が進むという観測があった。

　実際、全国規模で、100名クラス以上の大型の税理士法人は確かに増えたが、それらがさらに合併して、10ほどの法人に集約されるような雰囲気は今のところはなく、群雄割拠の様相だ。

　しかし、ある雑誌の規模別ランキングを見ていると、前年と同じ規模なら順位が下がる。とすれば、パイの奪い合いの中で、大型の税理士法人が小規模事務所から仕事を奪って成長している姿が容易に想像できる。

　そういう意味では、今後、大型法人による小規模事務所のM&Aがさらに増加し、大型法人同士の争いが激化すると考える。

◇ 高品質な特化型事務所との分業

　一方で、規模にかかわらず、誰もが真似できない得意分野を持つ特化型の事務所が存在する。こうした事務所への市場ニーズがなくなるとは到底思えない。

　実際、弊社はみよしコンサルティングの川口修司先生と業務提携し、事業承継の分野についてレクチャーを受けているが、こうした事務所は今後も高い収益性を保つと思われる。そういう意味では、特化型事務所と大型事務所の分業は今後も進むと思われる。

　ただし、取り扱う業務の範囲が狭すぎるのは事業の消失リスクを伴う。かつてISO取得のコンサルティングが流行したが、現在、私の周囲でこれを行っている人は一人もいない。

　得意な分野が、一時的なものか、永続性のあるものなのかは慎重な見極めが必要だろう。

> これからの公認会計士、税理士業界は
> どうなるか、その見立て

● 佐藤信祐 の場合 ▷▷▷

◇ 間違いなく公認会計士、税理士業界は縮小する

　日本経済の縮小、少子高齢化、中小零細企業の廃業、M&A や統合による企業数の減少、IT、クラウドの進化など、公認会計士・税理士業界の未来が暗いと感じる材料は事欠かない。

　これを否定するつもりはない。財務・税務コンサルティングを強化すると言っても、それが必要なクライアントがどれくらいあるだろうか。救いがあるとすれば、経理のアウトソーシング、経理部長のアウトソーシングがありうるという点であろう。

　経理部長のアウトソーシングは、意外に思うかもしれない。しかし、バックオフィスの効率化が進むのであれば、経理部長が常駐である必要はないし、それだけの人材を集めることも難しくなってくる。

　一部の中堅企業では、日々の決算業務だけは内製化したうえで、CFO としての役割を非常勤という形で公認会計士、税理士に依頼するところが出てくるであろう。ただし、その可能性がある企業も少数派である。

◇ 予想される業界再編

　その中で、業界再編により、総合型巨大事務所、専門特化型巨大事務所、地方巨大事務所、零細事務所に分かれていくと予想している。そもそも従業員を雇用するためには、組織にブランドが必要になってくるからである。

　ひょっとしたら専門性や特色を出すことにより従業員が集まってくるかのように思われるのかもしれない。確かに、30 代にもなれば、専門性や特色を理解できるようになるかもしれないが、なかなか 20 代前半ではそれに気がつかない。そう考えると、専門性や特色を出すとしても、ある程度の規模の拡大は必要になってくるであろう。

その中で、零細事務所は生き残っていけるであろうか。むしろ、零細事務所だからこそ生き残っていきやすいと言える。巨大事務所は、四角い部屋を丸く掃除する傾向にあるからである。

それは、従業員に任せられる仕事を獲得するためには仕方がないことであるし、隙間にまで対応しているとコストパフォーマンスが悪化してしまうことから仕方がないことである。

トーマツで勤務していた時と独立開業をした時とでは、やはり自分の考え方は大きく異なっている。トーマツで勤務していた時は、スタッフに任せられるロットが期待できる仕事、マニュアル化ができる仕事に魅力を感じていた。

しかし、独立開業をした後は、ロットが小さくても単価が期待できる仕事、柔軟に対応する必要がありスタッフに任せられない仕事に魅力を感じるようになった。組織で仕事をするのと、個人で仕事をするのでは、おのずと考え方が変わってくるのである。

◇ 当事務所の戦略

零細事務所が生き残っていくためには、巨大事務所の隙間を突いていくしかない。隙間はたくさんできると予想されるため、どの隙間を突いていくのかは、それぞれの事務所の戦略による。

その中で、当事務所は、組織再編の中で隙間を突いていくことを考えている。具体的には、スピード感のある対応、グレーな論点に対する税務上の判断である。

さらに、会計・税務のアドバイスだけでなく、それを前提としたうえでのビジネスに対するアドバイスである。これは、自分でリスクを取って事業を行っているからこそできるアドバイスであり、零細事務所ならではの強みであると考えている。

地方経済の今後と会計事務所の動向

● 才木正之 の場合 ▷▷▷

◇ 人口は減少する

　内閣府の人口データによると、少子化が始まった1980年代から子供の数が減少し、やがて全体の人口も減少し始めた。

　このままのペースでは、2048年には1億人を割り込み、2060年には8,674万人になると予想されている。子供が減って、2060年には0〜14歳までの人口が、2010年の1,684万人から半分未満の791万人に減ってしまう。15〜64歳の労働人口は、2010年の8,173万人から2060年には4,418万人に減少し、これは日本人全体の50.9%で、働く人たちが全体の半分しかいないことになる。

　反対に65歳以上の高齢者は増加し65歳以上の人は、2010年の2,948万人から2060年には3,464万人に増加し、人口の39.9%になるとの予測。この数値は日本全体の数値予測であり、地方ではさらにその減少度合いと格差が広がると予想される。

◇ ブランディング

　クライアント企業の減少も地方では激しいと思われるが、会計事務所も一企業として、同じことは言えるであろう。つまり、ますます寡占化が進むことは容易に予想される。そこで、必要となるのが、ブランディングである。

　「CS（顧客満足）の前に、ES（従業員満足）ありき」といわれることがある。この説は、正しいと考えている。しいて言えば、ESもCSも両方大切で同時に高めることができれば、理想的であろう。

　現存している企業で言えば、スターバックスコーヒージャパンという企業は、素晴らしいブランディングコントロールをしている会社だと私は思う。お客様からも愛され、働く人々もスターバックスで働くことを誇りに

思って働いているように思える。

これは、地方の会計事務所だけではなく、都心部の事務所でも同じだと思われるが、より一層、従業員そしてお客様との強いエンゲージメントがなければ共存できないと考える。

◇ 最後は、地域貢献と社会貢献

地方では、より一層、郷土愛というものが存在するように思える。

私の両親は、ともに長崎県出身で、父親が諫早出身、母親は五島列島の福江島出身である。私自身、両親の帰省時に、立ち寄った経験はあるが、実際に住民として暮らした経験はない。しかし、何かしらの郷土愛に近いものはあるように感じている。

私でもそうなのだから、地元の方はなおさらであろう。会計事務所としても、地場産業復興の支援や、地場の観光地PRのボランティア活動を積極的に行ったりするのが良いのではと考えている。

実際、私たちの事務所も、2025年大阪万博の成功に何かしらの貢献ができないかと考えている。

もう少し広い視野では、「事務所の戦略とその戦略を選んだ理由」(52ページ)で掲げた持続可能な開発目標(SDGs)への取組みについても、微力ではあるが、私たちも取り組み出している。最後は、人と人とが触れ合う社会貢献こそが、組織の存在価値になると最近は考えている。

> ## 地方経済の今後と会計事務所の動向

● 菅　拓摩 の場合 ▷▷▷

◇ 地方の状況も様々である

　地方にも色々あるので、一概には言えないのだろうが、例えば、九州の中では福岡県の経済規模が突出しており、一県で九州域内総生産の40％を占める。まさに一人勝ちである。

　その福岡県の中でも、弊社の本部がある福岡市と、故郷の北九州市では、残念ながら勢いがまるで違う。

　福岡市は人口が増え続け、商業地区の再開発が進み、ますます経済の集積が進む一方、北九州市は将来的に人口が80万人を割る予測で、つい最近も駅前デパート閉鎖のニュースがあったばかりだ。

◇ 商売の鉄則と情報の価値

　以前、三井物産の槇田松瑩会長が、

「商売は本当は難しくない。人が集まる場所に行って、欲しがるものを売るだけだ」

と語っておられたが、人口の集積が進む地区へ進出するか否かで、会計事務所の経営もかなり違うものになると考える。

　また、財政学の専門である林宣嗣関西学院大学教授が、1993年ごろに、

「これからは県庁所在地とそうでない都市の格差が拡大する。投資効率で言えば、県庁所在地の投資効果はそうでない都市の15％増しとなる。インターネットが広まれば、ネット上の情報価値はなくなる。そして、対面でしか得られない情報の価値が上がり、結果として都心に企業が集積し、地方が衰退する」

と語っておられた。今の東京一極集中、リトル東京などと言われる福岡一

人勝ちは、まさにそういうことであろう。

　少し楽観的に言えば、マーケットが拡大する福岡市内で古くから知名度のある会計事務所は、よほど戦略を間違わないかぎり大きく地盤を損なうことはないと思われる。

　一方、弊社は福岡では新興企業なので、今後も必死でブランドづくりをやらなければならないだろう。

◇ 人財確保と連携が地方事務所の最大の課題

　私が佐賀県内でビジネスを行っていた時感じたのは、良いスタッフがいればもっと拡大可能だが、肝心の人がいないということであった。優秀な学生は、大学進学時に東京や福岡に出てしまうからである。

　では、福岡はライバルがひしめいていて、事務所を出しても撤退する羽目になるかといえば、そうではなかった。お客様に喜ばれる仕事をすれば、結果は自然と出るのだと思う。

　ただ、その福岡でも人財の確保が年々難しくなっていると感じる。各事務所とも、驚くほどスタッフへの待遇を手厚くしている。

　結果、早期の投資回収を図るために、より付加価値の高いサービスを模索することになる。

　自社でカバーできない業務については、東京の特化型事務所や、その他の専門家といかに有機的に連携できるかが肝要かと思う。

地方経済の今後と会計事務所の動向

● 佐藤信祐 の場合 ▷▷▷

◇ 主要都市に経済が集中していく

　東北経済を見てみよう。明らかに仙台に経済が集中している。そもそも山形や福島から仙台へは高速バスで約1時間の距離である。その結果、山形駅の近くに住んでいて、仙台に通勤する人がいる。

　また、山形や福島に住んでいても、仙台に買い物に行く人がいる。私の地元新潟の長岡市や小千谷市に住んでいる人でも、新潟市内に買い物に行く人がいる。

　そうは言っても、山形、福島、長岡の経済が壊滅するわけではなく、一定の経済規模は維持できている。

　例えば、小千谷では、長岡に引っ越した友人も多く、長岡が周りの経済を吸収しているように感じている。そう考えると、数年以内に、100から200前後の地方都市に経済が集中していくのではないかと感じている。

◇ リニアモーターカーによる影響

　その中で、リニアモーターカーによる影響も気になっている。大阪への開通はまだ先だとしても、名古屋への開通は2027年の予定である。多少の遅れがあったとしても、10年以内にはリニアモーターカーが開通する。

　品川から名古屋まで40分である。品川に事務所を構えているのであれば、JRと地下鉄を乗り換えて都心のクライアントに行くのと、名古屋駅周辺のクライアントに行くのと、所要時間はほとんど変わらない。

　そうなると、名古屋に支店を構える企業も減ってくるであろう。出張で十分だからである。名古屋のクライアントが東京の弁護士や税理士に相談に来ることも増えてくるであろう。リニアモーターカーができると、名古屋周辺の経済は大きく変わっていくことが予想される。

✧ 当事務所の戦略

このように、交通の発達により、地方への移動が容易になるだけでなく、経済がますます一部の都市に集中していく可能性が高いのではないかと感じている。

その中における当事務所の戦略であるが、「今後の事務所の事業展開について」（146ページ）で述べたように、都心・副都心地域の営業を強化したいと考えている。

やはり、この地域に企業は集中していくであろうし、ひょっとしたら、副都心地域が廃れてしまい、多くの企業が都心地域に移っていく可能性すらある。効率性を考えれば、都心・副都心地域に目を向けてしまうのはやむを得ない。

これに対し、地方経済に目を向けると、主要都市に経済が集中していくということは、主要都市における企業の統合が進んでいく可能性があるのではないかと考えている。

その中で、地元の会計事務所と東京の会計事務所を使い分けることも出てくるであろう。そうなると、東京の会計事務所が地方のクライアントに対して、税務コンサルティングを行っていく可能性が高いし、実際にそういう動きもある。

しかし、PART①で述べたように、十分な情報を得ない段階で提案していることが理由だと思われるが、工数が過剰に見積られたり、オーバースペックになっていたりして、報酬体系が極端に高くなっているものが多い。

これに対し、地方の会計事務所も、規模が大きくなれば、事業承継や組織再編のコンサルティングを行うようになる。

東京の個人事務所がビッグ4に匹敵するノウハウを地方の会計事務所に提供することができれば、地方の会計事務所は、東京の巨大事務所よりも、品質、コストのいずれも優れたサービスが提供できる。

時間はかかると思うが、将来的には、地方の巨大事務所と東京の個人事務所が連携する動きが出てくると考えている。

> 今、18歳であれば、どうする？
> 25歳ならば？

● **才木正之** の場合 ▷▷▷

◇ 今、18歳であれば多くの国を旅する

　私は、想像力の乏しい人間だと自己認識している。あるレールをゆっくりと我慢強く歩いていくことが得意だ。

　現に、趣味はマラソンであり、毎週日曜日に10kmを走ることを5年間継続している。その生き方は、昔からであったように記憶している。そこで、このテーマについて考えたい。

　今、考えるに、世界をもっと知りたいと思う。今、18歳であれば、大学に入学したら、在学中にたくさんの国に旅をしたいと思う。世界が資本主義社会である前提で考えると、世界を知ることによって、仕事も人生ももっと豊かになるだろうと思う。

　現に、学生時代に海外留学経験した人と話をすると、自由な発想と自己主張の強さを感じる。その思考により、新たな発想が芽生え、世界が広がることがもっとイメージできるようになると思うからだ。私自身に海外経験があれば、もう少し想像力を伸ばすことができるかもしれない。

◇ 今、25歳であれば会計事務所でITツールの活用を究めたい

　自分の25歳を振り返ると、入社3年目である。少し、会計事務所職員として慣れ始めた時期で、どのようにして業務効率を上げることができるのか？　を考えていたように記憶している。

　例えば、お客様の記帳の手順を確認し、手順の見直しを提案したり、自分自身の決算業務の短縮をするためには、何を改善しなげればいけないのか？　前の年に12時間かかっていた決算業務移管をどのようにしたら、8時間に短縮できるのであろうか？　ということを考えていた。この体験は今も貴重な経験で、業務改善の基礎となっている経験である。

　現事務所スタッフで25歳だったとしたら、まだ経理業務、税務業務ス

タッフであるので、IT ツールを使った改善活動に没頭すると思う。なぜなら、まだ、確立されていない領域であるため、自分で得た経験は、アドバンテージになるからである。

もう少し、余裕があれば、やはり海外に目を向けたい。海外に赴任して会計・税務の世界を見てみたいと思うであろう。

◇ 生まれ変わったら？

もう一度、職業選択をするとしたらどうするのであろうか？

迷わずに、今の仕事を選ぶと思う。私の最初の選択は、「士業を目指した時に思い描いていたことと現実の違い」（150 ページ）で述べたとおり、軽い考えで目指した税理士ではあったが、次の人生では、税理士ではなくとも、企業のサポーターになるということは、選ぶと思う。

なぜなら、企業は、資本主義社会での唯一のプロフィットセンターである。新たなサービスを生み出し、製品を生み出し、顧客に供給する。そして、そのサービス、製品が認められるとリピートが増え、そのリピートに応えるために、雇用が促進される。働くことは、人間ができる素晴らしい活動だと考えている。働きたくても、働けない方も世の中には、たくさん存在する。

「働くことは生きること」と定義した、重度障害者の若者とそのお母さんがお客様に存在する。彼ら親子の理念の実現に、私は今、チャレンジしている。

まだまだ、険しい道ではあるが、必ず、目標を実現させると確信をもって取り組んでいる。税理士という職業は、社会を間接的に活性化できる素晴らしい職業だと考えている。

> 今、18歳であれば、どうする？
> 25歳ならば？

● 菅　拓摩 の場合 ▷▷▷

◇ 今18歳であれば海外に留学し、そのまま働く

　おそらく、自ら進んで会計業界に身を置くことはないだろう。今、この業界にいることが、かなりの想定外だからだ。

　一方で、おそらくサラリーマンがまともに務まる性格でもない。ならば一般の企業で経営者になれるかというと、それもどうだろう？　と感じる。

　変化が少なく、保守的な会計業界だからこそ、私程度の能力の者でも経営者でいられるのだと思うことが多い。

　もし、今私が18歳で、その私に神様のように命令できるなら、

「とりあえず海外に留学して、そのまま5〜6年働き、面白い商材を見つけ、税理士をチャネルにして、BtoBでの商売を考えろ」

と言うかもしれない。

　もっとも、私のことなので、ビジネスにさほど執着があるとは思えず、

「そんなことより、もっと楽で、ほどほどに暮らせる方法はないか？」

と聞き返されそうだ。

◇ 今25歳ならば今の倍働く

　現在45歳だが、実のところ、気持ちの上では25歳のころとさほど変わっていない。もちろん、体力や集中力、興味のあるものはずいぶん変わったのだろうが、もしこの立場のまま25歳であれば、今の倍くらい精力的に動き回るかもしれない。

　しかし、それにスタッフがついてくるかは未知数だと思う。私の父は、持病を抱えていたからこそ、体の弱い人の気持ちがわかり、また、人に業

務を任せることができたのだと思う。

　私も35歳で体調を崩す前と後では、ずいぶん他人に対する考え方が変わった。

　今の知識のまま体力だけが25歳になれば、人の気持ちがわからず、もっとワンマンな経営者になるかもしれず、新規事業や子会社を人に任せるなどもおそらくできないだろう。

　それが経営的に正解かと言われれば、かなり疑問である。

> 今、18歳であれば、どうする？
> 25歳ならば？

● 佐藤信祐 の場合 ▷▷▷

◇ 今、18歳なら公認会計士を目指すのか

いきなり刺激的なタイトルで申し訳ないが、そもそも公認会計士を目指すのかどうかについて考えてみたい。

私の場合には、子供の頃から算数、数学が得意だった。早稲田に落ちて明治に進学した。そして父親が税理士だった。そういった背景が同じであれば、今の時代であっても公認会計士を目指していたと思っている。

算数、数学が得意でも苦手でもなかったら、公認会計士ではなく、弁護士を目指していたであろう。算数、数学が苦手であれば、間違っても公認会計士は目指してはいない。そう考えると、数字に強いというのが公認会計士、税理士の強みであると考えている。

早稲田に受かっていたら公認会計士を目指さなかったのかという突っ込みが聞こえてきそうだが、これは、慶應の大学院に通い、慶應の大学生と接する中で、公認会計士以外の道を模索する可能性も否定できないと感じたからである。

それでも公認会計士を目指していたとすれば、社長を支える財務の参謀としての役割に対する興味をどれだけ持つことができるのかという点に尽きると思っている。

18歳の段階で、監査や税務の分野に興味を持つというのはなかなか考えにくいが、財務の参謀としての役割であれば、公認会計士の道に進むことを決断しやすいからである。

◇ 今、25歳なら公認会計士を続けるか

またまた刺激的なタイトルで申し訳ないが、修了考査が終わった段階で公認会計士を続けるかどうかを考えてみたい。25歳という年齢であれば、まだ違う道に移ることができるからである。

正直な話、M&Aや組織再編をやりたいという理由でこの業界に残る可能性はあまり高くはないと考えている。コモディティ化が進んでしまい、新規参入をするのは難しいからである。

修了考査が終わったタイミングであれば、そろそろ自分の将来を考える頃である。この業界であれば、25歳という年齢は、基礎レベルの習得が終わり、自分の専門性を身につけていく年齢である。

昔から、若い人にチャンスがあるとすれば、①新しい、②難しい、③報酬が期待できる、の3つの要件が必要であると考えていた。新しくないと上の世代に負けてしまう、難しくないと専門性が必要とされない、報酬が期待できないとビジネスとして成り立たない。

そういった分野を探すことができれば、公認会計士の世界に残っていくと考えている。

◆ オリンピック期間の過ごし方

PART①（49ページ）、PART②「オリンピックの影響をどう考えているか」（86ページ）で述べたように、連結納税制度の改正と重なり、単行本の校正作業に追われるようなことがなければ、オリンピック期間は東南アジアを周遊しようと考えている。東日本大震災でも経験したが、仕事にならない時に仕事をしようとしても無駄だからである。

そう考えると、自分が25歳であれば、オリンピック期間中に、思いっきり勉強するか、思いっきり遊ぶかのいずれかの選択肢を取ると思う。こういうタイミングでなければ、勉強する時間をたっぷりと取ることもできないし、長期的な海外旅行に行くこともできないからである。

また、そういった時間を取ることで、やりたい仕事や得意な仕事を考えることができるようになる。私が大学院の進学を決めたのは、乗馬クラブに頻繁に通っている時である。

20代において、そういう時間を取ることは、人生にとって有意義であると考えている。

鼎談〔後〕

10年後の会計事務所

▶会計事務所の「コンサル」の仕事

佐藤 さきほど自分は、東京では、23区の中でも都心・副都心の7区に特化して仕事をすると言いましたが（20ページ）、その一方で、今後は地方案件も急増して、「（地方に）来てほしい」と言われる案件がたくさん出てくるのではないかと思っています。

　それから、「各地方の会計事務所が総合医として機能して、専門医をたまに使う」というニーズは一定数あるでしょうから、菅先生が言われたように、会計事務所の提携は今後必ず増えてくると思います。

　ただ、そうした仕事はコンサルになるでしょうから、コンサルの仕事がどれくらいあるかという問題もありますよね。

　そもそも、お二人の事務所で、コンサルに特化して仕事をする専門家を雇いたいと思われますか？

菅 必要はないですね。

佐藤 それはそのスタッフ1人分の仕事を生み出すのが大変だからですか?

菅 そうです。それで思うのは、才木先生の事務所がすごい。コンサルがメインで、しかも規模が大きくなっている。

才木 コンサルのシェアは、売上で言うと4割くらいで、全体の売上約4億円弱のうち1億5,000万円くらいがコンサルの売上というところです。コンサルがメインというわけではないですよ。

菅 それでも、新しい類型の事務所だと思ってみています。

佐藤 コンサルしかしない会計事務所も、東京にはありますよ。ただ、やはり多くが千代田区と港区にあります。

菅 そうした事務所も、看板は「会計」事務所なのでしょうが、業務は「税務」ですか?

　税務を離れたところでのコンサルはなかなか成り立たないと感じています。特に地方の一般的な会計事務所は、どうしても税務が絡まないと契約まで至りません。

佐藤 わかります。自分が専門の組織再編の分野も、入り口はやはり「税務」です。

菅 才木先生はいかがですか?

　才木先生の事務所は、はっきり言って、それほど税務が絡まない内容のコンサルを展開されていますよね。

才木 そうかもしれない。でも、「会計」は絡みますよ。

佐藤 (才木先生のなされている)経営会議コンサルですね。

　ところで経営会議コンサルはどれくらいの規模の会社からのニーズが多いですか?

才木 規模で言うと、売上規模で表現するより、「経常利益が3,000万〜1億円くらいの会社が中心」といったほうがしっくりきます。

　逆に、利益が1億円を継続して超えてしまうと、もうある程度自主運営できていますしね。

鼎談〔後〕 10年後の会計事務所

205

佐藤 なるほど、ビジネスの内容によって、クライアントのターゲットも変わってきますね。自主運営できないと組織再編やM&Aもできないので、自分のところは、利益が数億円から数百億円のところがボリュームゾーンになっています。

▶10年後の事務所予想図

佐藤 ところで、自分の事務所が10年後どうなっているかを考えると、やはりチャージレートは上げたいと思っています。

いつかは20万円にしたいと思っていますが、10年後となると、現実的には、15万円というところかもしれません。

これは、いずれ税理士の世界も二極化が進んでいくはずだし、その中で、ビッグ4のパートナーのチャージレートが上がっていく可能性があると思っているからです。

数年前に、G（グローバル）型大学、L（ローカル）型大学という議論がありましたよね。G型、L型の定義はともかくとして、ビッグ4のパートナーが、G型パートナー、L型パートナーに分かれていくとすれば、G型パートナーのチャージレートを意識せざるを得ない。

当事務所は、ビッグ4と品質で対等に戦う事務所を目指しているので、ビッグ4の廉価版のイメージを持たれるわけにはいかないからです。

そして、都心だと、M&Aや資産税を専門とする会計事務所も多いですが、地方だと、そこまで専門特化型事務所も増えていかないと思っているので、組織再編の相談を頻繁にしてくる会計事務所は、当然大きな事務所になるでしょう。

今のところ、そういう事務所は少ないですが、10年後には、会計士業界、税理士業界の業界再編も進んでいくと思っています。

ちなみに、現在、当事務所で行っている会計事務所向け顧問業務では、

都心からだと月10万円の報酬をいただいていることも多いですが、地方からだと月5万円の報酬をいただいていることがほとんどです。しかし、業界再編が進んでいくとなると、報酬体系を見直さないといけない。

すでに契約をしていただいている会計事務所に報酬の見直しをお願いすることはしないと思いますが、数年後には、会計事務所向け顧問業務の報酬体系も月10万円以上ということにさせていただこうと思っています。

お二人はご事務所の10年後についてどのようなことを考えますか？

才木 先ほど弊社の1人当たりの売上は1,800万円と言いました（8ページ）。一般的に、規模が大きくなっていくと1人当たりの売上は減っていきますが、今も、最低でも1,500万円は切らないようにして、成長を続けていきたいです。

また、東京オリンピックの翌年の2021年に、職員30人、売上5億円という中期目標を掲げていますが、10年後は「50人で10億円」が目標です。50人はコンサルメンバーに加え、税務をやるメンバーもしっかりいるような組織体を目指していて、この目標をクリアできればよいですね。

新人でいきなりコンサルティングはできませんし、10年後に会計業務、税務申告があるかどうかは微妙かと思いますが、会計、一般税務の分野で、新人が修行しながら「50人で10億円」というのはできるのではないかと思います。

佐藤 ちなみに中途採用の活用は考えていますか？

才木 考えています。

ただ、われわれは小さい事務所なので、ブランディングができていないところがあり、どうしても採用競争で不利を感じます。

「御堂筋税理士法人ってどこの事務所？」となることも多いです。ブランディングを上手に行って、中途採用の市場でも戦えるようになりたいですね。

佐藤 若い学生で、税理士をこれから目指しますという人も、山田＆パートナーズさんや辻・本郷さんは知っていますが、うちのことは知らないので、アルバイトにすら来てくれません（笑）。

　ある程度、組織的に仕事をしようとするとなると、採用のためのブランディングというのは重要になってくるかもしれません。新卒の採用はいかがですか。

才木 採用が3人だとすると、中途が2人、新卒が1人のイメージです。

　新卒については、向こうからの認知もそうですが、私たちからしても、新卒の学生がうちの水に合っているかどうかはわからない、ということもありますね。

　それでうちでは今、最低でも3か月の長期インターンを実施しています。インターンで、一緒に働いてみて、お互いにOKとなったら採用するという方法をとっています。

　それと新卒からわれわれが学ぶことも多くあります。

　ある会社の話なのですが、その会社に電話がかかってきたときに、若い社員が電話に出なかったそうです。今の時代、携帯電話しか持っていなくて、家に固定電話がないので出方がわからなかったそうなんです。

菅 電話に出る習慣がなかったんですね。

才木 そうなんです。その会社の部長さんが、「どうして電話に出ないんだ」と怒っても、電話に出る習慣がないので、怒られている意味がわからないという現象が起きたそうです。

　私たちが今までの常識の中で出していた指示や命令で、その内容自体がもうナンセンスになってしまっているものがあるわけで、「なるほど」と思いましたね。

佐藤 こちらが、彼らに合わせなければいけない。

才木 そうなんですが、ファーストコンタクトというか、彼らに接するスタッフの対応が重要になってきますね。

　「ああ、それで電話に出ないのか」という理解をしたうえで、「次から

出るようにしましょうね」と言うのがよくて、そうすればおそらく彼ら
も電話に出られると思います。

佐藤 確かに。今は、いきなり怒鳴りつけてはいけない時代になりました
からね。

▶新卒採用の魅力と可能性

佐藤 ところで、若い人を雇うとなると、必然的に会計士になりません
か？ 今、若い人で税理士を目指す人は少ないですから。

菅 そうかもしれません。会計士試験は1年で勝負がつくので手っ取り早
いですし。

佐藤 今、ビッグ4は、税理士受験生ではなく、新卒採用を始めたところ
もあるようです。

大学4年生の5月に内定を出して、9月からTACに通わせて、法人
税と消費税の2科目を勉強させる。ただ、学生たちも簿記をやらないと税
理士試験ができないのを知っているので、5月に内定が決まってから簿
記2級の勉強をしているみたいですが。

そうなると、5月から簿記の勉強を始めて、9月から法人税、消費税
の勉強をして、4月に入社することになる。TACはいわゆる新人研修の
代わりになっていますね。

年齢が高かったり、英語ができない税理士を雇うよりも、偏差値の高
い大学を出ている新卒を雇ったほうが将来性があるという発想です。

才木 スペックも高いですしね。

佐藤 働きながら勉強するのはつらいですし、東京は良い転職先がいっぱ
いあります。

そうすると、土日を潰して勉強して税理士になるモチベーションはそ
んなに湧かないはずで、最終的に税理士になれる人がどれくらいいるの
かは疑問です。

福岡や大阪なら、上場会社の経理への転職の機会は少ないでしょうし、新卒の学生が税理士事務所に入って、税理士を目指して本当に税理士になる人は一定数いるとは思いますが。

菅 ちなみに福岡の中堅クラスの企業の経理部長の給与が500〜600万円くらいのようです。

佐藤 そうすると、地方の大きな会計事務所に勤めて、順調に出世すれば、1,000万円、1,500万円という年収が見えていくので、はるかに魅力的です。

他に就職先がないというのは、福岡の採用ではすごい強みです。

菅 確かにそうしたことは意識していて、他の会計事務所よりは給料を出そうというのはあります。

その代わり、その分、事務所の利益が損なわれていきますので、それは量でカバーするしかない、そう思っています。

▶才能ある人間が活躍できる場を提供できる存在でいたい

佐藤 菅先生は10年後の事務所をどのように考えていますか？

菅 お二人と比べて自分が一番迷っているかもしれません（笑）。

この15年くらいは、総代表の内田延佳の方針もあり、医療機関の顧問先が増えれば結果的に事務所の発展につながるという意識があって、結果的にそのとおり仕事は増えました。

でも、これは何か特殊な戦略があったわけではなくて、その時のニーズに応じていたら結果そうなった、という感じです。

例えば、多くの医療機関では、お金より人の問題で悩んでいます。そうすると、「社労士が事務所にいたほうがいいな」という話になり、気がつくと税理士より社労士の資格者のほうが増えていました。

それと一般企業に関して言うと、最近は上場クラスの会社からも弊社を「顧問に」と結構お声をかけていただくのですが、これもうちの社労

士によって案件がもたらされたりします。

　それで、自然と税務の相談を受けるようになりましたが、一般企業の抱えている問題は医療機関のそれとは全く異なります。

　それこそ再編系の話で、「会社が赤字を抱えているから合併できないか」という相談もいただくようになり、そのニーズに応えることを繰り返していたら今のスタイルになったという感じです。

　ある種、事務所自身が一般企業のような規模感にもなりましたし、これからの 10 年は、スタッフのキャリアプランの多様性が大事だと思っています。

佐藤　キャリアプランと言いますと？

菅　例えば、税務会計の視点だけでみると、3 年目と 10 年目のスタッフが担当した医療法人の決算で何が違うのか、という問題があるんです。

　実はそこのクオリティにはそれほど差がないので、そうすると、うちの仕事におけるキャリアプランというものの存在が希薄になります。

　ですから、より難しい仕事というか、より付加価値のある仕事を意識的に獲得していかなければいけないと感じています。

　一方で、それができない人たちの生活も保障してあげなければいけない。それで 10 年後という話になると、限界利益確保のために、さらに規模は広げざるを得ないのだろうなと思います。

佐藤　なるほど。

菅　結局目指すところは、「少し高級で美味しいファミリーレストラン」みたいなものなのだと思います。

　東京の超一流レストランではありませんが、「あそこは何でもあっておいしいね」というところが、うちの生き残る道なのかなと。

　そうしたファミリーレストランがいくつもできて、そこの店長になる。これがうちの幹部の 1 つのゴール地点になるのかな。

　給与もビッグ 4 のマネージャークラスが貰うくらいの給料は出してあげたい（笑）。

211

才木 実現できたらすばらしい。

菅 ちなみに、今のうちの幹部クラスの最高年収は1,600万円です。

佐藤 結構出していますね。ビッグ4だとディレクタークラスです。ディレクターは、パートナーの半歩手前というイメージです。

　部署によって異なりますが、パートナーだと2,000万円、シニアマネージャーだと1,200万円がスタートだったと記憶しています。

　事務所でディレクタークラスの給与を出している方は何人いらっしゃいますか。

菅 6人です。長崎の事務所のほうも入れると10数人です。

才木 すごい。

佐藤 それぞれが30人クラスの会計事務所の所長と同じくらいのイメージですかね。

菅 そうですね。

佐藤 地方の大きな事務所は1,500～1,600万円くらいの対価を払うこともできるので、それに見合う付加価値を出すことのできる優秀な人たちは、独立する代わりに大手事務所で働くという選択肢も当然あるのですね。

菅 思うのは、「才能が埋もれるのがもったいない」ということなんです。

　今、うちのM&Aの会社の社長をしている古舘慎一郎の話ですが、当初は「勉強して、故郷の唐津に戻って税理士になりたい」と言って面接に来ました。

　唐津に戻って税理士になるということは、いわゆる街の税理士になるということで、そうすると、お客様を一から集めて、記帳代行の仕事から始めるということです。

　でも彼はM&Aで、初年度からたった一人で年間4,000万円を売り上げました。こういう能力が無駄になるのは実にもったいない。

　もちろん税理士として独立する、というのは本人の自由です。

　ただ、「唐津に行って税理士をするというのは、あなたでなくてもできます。あなたはあなたしかできないことをしたほうがよい。今、九州

にはM&Aのプレーヤーがすごく少ないのでやってみませんか？」と言って説得しました。M&Aの仕事が意外と水に合ったみたいで、一生懸命取り組んでくれています。

　うちの事務所は、才能のある方の活躍できるステージを提供できる存在であり続けたいです。

▶特化型と総合型、提携と統合……業界再編はどうなる？

菅　ところでうちの事務所は、顧客の業種によって大きな影響を受けるというのが、お二方のご事務所と違うところかと思います。

　私が、うちの事務所を引き継いだときのクライアントは建設業と地元の伝統産業が全体の約6～7割でした。

　昔の温泉ブームで温泉旅館に食器が節税商品として使われていた時代は、有田焼の食器は売れたようですが、今はすっかりブームも去って、受注はピーク時の2割ほどだそうです。

佐藤　大分減りましたね。

菅　地元の伝統産業のお客様の数も比例して8割いなくなってしまいました。

　建設業も、公共工事はピーク時の7割減だと聞きました。結果として、承継当初からのお客様の数は5割減です。

　後継者不足もあり、「10年後」を考えたときに、かつてメインだった2つの業種はますます数が減るかもしれません。

　一方で、まだ伸びる業種というと、医療・介護に通信、それから教育で、この3つはまだ業界としてのボリュームが保たれると聞いたことがあります。「10年後」を考えたときに、私たちのようなスタイルの会計事務所は、今後も伸びるであろう業種に、いかに関われるかということがとても大事かもしれません。

才木　菅先生の事務所は、リーマン・ショックの時もその影響はなかった

ように思っているのですが、実際はいかがでしたか？

菅　お客様にはかなり影響がありましたが、私自身は仕事が増えました。

才木　私の事務所もそうでした。

佐藤　自分の年齢が上がってくると、仕事もとりやすくなることがありますから、それで固定報酬が増えることはあるんですよね。

　だから景気に関係なく今後も固定報酬は増える、そういうことはあるかと思います。

　一方で、景気が悪くなると、店じまいする会計事務所も増えてきますし、新規参入も減っていき業界再編が起きると考えています。

　リーマン・ショック級の景気の悪化が起こるかわかりませんが、数年以内に業界大再編が起きるのではないか……。

菅　そういう意味では、東京の特化型事務所と地方の総合型事務所の合併みたいな話もありうるのでしょうか？

佐藤　東京の特化型事務所でも、数人程度の事務所になると、少数精鋭であるがゆえの強みがあるので、提携はあるとは思いますが、合併はないと思います。

　逆に、東京の特化型事務所のうち、数十人規模の事務所になると、地方の総合型事務所に吸収されることはあるかもしれません。

　というのも、特化型事務所は、若い人たちに全然知名度がないので採用の問題があります。ですから、特化型と総合型の統合はあるかと思います。

　医療に強い事務所でどこかとくっつくというのはあまり考えにくいのですが、資産税などのサービスに特化した事務所とはありそうです。

菅　それは魅力的です。特化している事務所のノウハウと直でつながることができるとすれば、とても安心ですから。

佐藤　サービス特化は、大きな事務所とくっついたほうが、そこの顧客からの仕事もとれますからね。

　ただ、業種特化だとあまりメリットはないかもしれません。業種特化

しているがゆえの知名度があるので。

▶変化を習慣にすることを大切にしたい

佐藤 才木先生にお聞きしたいのですが、最近、経営コンサルの会社で上場した会社（株式会社識学）がありましたよね。

税理士法上の問題があるので、やり方は考えないといけないですが、会計事務所でも、上場するくらいの規模にはなれますか？

才木 うちのボスの小笠原は、「上場できたらいいね」と言っています。

上場する目的は何なのかということになりますが、それによって採用にメリットもあると思います。

特に地方の事務所であれば、地域創生というキーワードやUターン就職といったキーワードもヒットするので、地方の会計事務所が上場できれば、夢がありますね。

佐藤 やはり上場のメリットは採用面ですか。建前上は、資金調達のための上場になっていますが、上場しなくても資金調達はできるし、本音のところは違う上場会社も多いと思います。

菅 上場するくらいの会社なら、もともと利益を出しているので、銀行はいくらでも貸しますしね。

佐藤 ただ、ベンチャー系はどうしても銀行が貸し渋りますから、そうではないかもしれません。

投資は集まるので、株に投資した彼らのエグジットを考えることもしてあげなくてはいけませんし、そうなると上場は目指さざるを得ません。

菅 売上2,000万円の会社に2億円投資した、という話も聞きますが、びっくりです。以前だと考えられません。

佐藤 今は完全にバブルですね。「AI」とか「バイオ」というだけで、お金が集まります。

菅 「クラウド」もそうですね。

才木先生、そういう意味では、「会議」も世の中の企業からなくなることはないですよね？

才木　わからないですけれども（笑）。

菅　ある程度の規模がある会社は、会議に関しては常に、「もっと効率よくならないか」とか「よい話し合いができないか」といったことで悩んでいると思います。自分もそうです。

才木先生の事務所のような業務を作り出せたところが、10年後も続いているのだろうなと思っています。

佐藤　業務を作り出すのか、あるいは常に変化するか。

菅　変化するというのは、とても能力が必要になりませんか？

才木　変化するのは「能力」ではなくて、「慣れる」ことかと思います。

ピーター・ドラッカーは、「勝ち続けるということは習慣だ」と言っています。成果を出すということは習慣だというわけです。

変化することによって成果を出すとすれば、それは習慣としてやり続けなければいけない。

うちの社是に「自彊不息（じきょうふそく）」があります。死ぬまで勉強、という意味の言葉ですが、習慣とするための姿勢としてこの言葉が浮かびました。

佐藤　そうですね。自分も常に勉強し続けなければ、と思っています。

菅　変化して新しいことをするというのはきついことですが、常に新しいことを模索して、取り入れていかないと、会計事務所といえどもダメになるということですよね。

佐藤　変えないのが一番楽なんですが、それではいけない。自分もチャージレートを5万円から10万円に上げたときはドキドキしました（笑）。

才木　やはりそうですか（笑）。

佐藤　特に会計事務所はこれからのITの発達の影響を大きく受けるので、一番変わっていかないといけないと思います。

菅　まさにそう思います。

今システム周りのコストがとても高くなっています。システムは5年を待たずに「変えたほうがいい」という話になりますし、年によっては億に近いお金が出ていきます。

ただ、IT環境を整備すると情報もリソースもそれなりに貯まると思うので、やらないよりはやったほうがいい。

才木 私も先輩の税理士の先生方から、「事務所の規模が50人くらいになったらITに長けているSEが必要になりますよ」と助言をいただいたことがあります。

菅 多くのお客様のところにSEがいません。ですから、われわれのほうでそうした人財がいると強みになります。

佐藤 なるほど、そういうことですか。SEのところは、まだまだニーズはあるのですね。

個人的には、経理部長のアウトソーシングのようなニーズが増えると思っていましたが。

才木 インフラが変わっていますから、経理部長のアウトソーシングのニーズよりもこちらのほうが多そうです。

佐藤 会計業務の「AI化」もチャンスと見ていますか?

菅 今は「AI」という言葉に社長が過剰に反応しています。

「自分の会社でも何かやっていないと不安だ」といった変な追い風が吹いているとは思います。

才木 「クラウド会計」というキーワードだけでも、社長は昔より過剰反応されている印象はありますね。

佐藤 わかります。ベンチャーの社長は、過剰に「M&A」に反応しますが、それに似ていますね。

▶手応えのない成長が一番怖い

佐藤 一部のベンチャー企業では、上場すると会社を買いたくなるみたい

で、M&A に過剰に反応します。

　実際に案件を探してみると、高値買いになってしまったり、シナジーがなかったりすることも少なくないので、なかなか M&A がうまくいくことのほうが少ないのですが、まずは、M&A にすごく興味を持たれます。

菅　それは、常に何か新しいことをやっていないと、アナリストたちから辛口に評価されるからでは？

佐藤　かもしれないですね。上場した以上は成長し続けなければいけませんので。

菅　自分は「不動産ディベロッパーが上場すると潰れる可能性が高まる」という話を友人から聞いたことがありますが、これは上場して売上獲得のために無理をして、最終的に資金繰りが回らなくなるのだろうと理解しています。

　成長すること自体が目的になると、ちょっとおかしくなるかなと。うちも気をつけなければと思うのですけれども。

佐藤　自然体で成長するうちは良いのでしょうけど。

菅　そうですね。

　「何％成長」とか「何人増やす」というのがスローガンみたいになってしまうと、ちょっと違ってきます。

佐藤　東京の事務所もけっこう地方に進出していますが、これもうまくいかないと思います。

　報酬体系も違うし、人材の問題もあります。地方に進出するよりも、東京の外に出ないほうが、はるかに効率的にビジネスができます。

　成長するのは悪いことではないのですけれども、成長のターゲットが大事だと思います。

　申告業務がメインの一般的な会計事務所だったら、日本中どこでもニーズがあるでしょうが、国際税務とか、M&A とか、事業承継に強みを置いている場合には、そのニーズが地方にどれだけあるかを見極めること

が大事だと思います。

　だいたい、東京の有名な事務所が福岡に支店を出したといっても、やはり福岡にある地場の大きな事務所で働きたいと思う人が多いと思うので、採用面で負けそうです。

才木　菅先生のところは安泰ですね（笑）。

菅　そんなことはないですよ。だから才木先生に教えを乞うているのではないですか（笑）。

佐藤　菅先生の事務所は、ある程度の規模になったので、才木先生にいろいろ教わる余力も出てきた。

　余力がある事務所は、いろいろなことにチャレンジできるので、他との差別化もできますよね？

菅　理屈としてはそうなのですが、今、「われわれの仕事がお客様の役に立っている」という痺れるような手応えがあるわけではないんですよ。

　それこそリーマン・ショックのころのほうがよほど手応えがありました。例えば、顧問先で銀行が短期融資を引き揚げて、「企業が生き残るかどうかが、うちに懸かっている」と、もう手応えはとてつもなくあった（笑）。

　今はそうしたものがなくなって、ある意味で出番が少ないような感じです。

才木　菅先生は、顧客への反応や経営者としての嗅覚がすごいから。

菅　いえいえ。ただ、手応えのない成長が一番怖いではないですか。

才木　確かにそうですね。

▶これからを生きるために

佐藤　そろそろお時間が来てしまいました。

　お二人とは年齢は近いですが、関西と九州という地域性の違いもあり、大変面白いお話が聞けました。

今日のお話からすると、企業ではSEを含めた内部管理の仕事、例えば経理、総務、人事を丸ごと完全にアウトソーシングしたいニーズが出てくるのかなと思いました。これは、私には全くなかった視点でしたので、すごく勉強になりました。

　才木先生、菅先生、本日はありがとうございました。

才木　日本は狭いといっても、地域によって事務所の経営の考え方はこんなに違うのかと改めて感じました。

　佐藤先生と菅先生の考えられていることに加え、街の会計事務所とは違った東京の大手事務所のキャリアのお話など、大変勉強になりました。

　本日は、ありがとうございました。

菅　今日の座談会を通じて、自分の事務所が生きていく領域をしっかり見つけてやっていかなければいけないなと、今さらながら痛感しました。

　背伸びしすぎてもいけないけれども、ほどよく背伸びしてチャレンジしていくということがすごく大事なんだろうなと。

　九州を中心にして活動するというのは、これからもおそらく変わりませんが、時々、本日のように東京で最先端の情報に触れて、それをうまくフィードバックしていくことはしたいですね。

　そして、最終的には、その知識を踏まえた弊社ならではのサービスを提供して、お客様に貢献していきたいです。

　それと、全く新しいものを一から創るのはすごくエネルギーもいるし、才能もいることですが、既存のサービスを融合させて何か新しいことができる、というのはままあることかと思います。

　本日のお話は、地方で生きていく会計事務所のヒントになるのではないかとも思いました。そのために、さらに自分が動いて、良いものを見つけられるようにしていきたいと思います。

　本日は大変有意義な時間でした。佐藤先生、才木先生、ありがとうございました。

【著者紹介】 ①専門分野 ②モットー ③著書等 ④趣味

才木正之（さいき　まさゆき）
①経営コンサルティング、事業承継、幹部育成、組織開発
②私たちの組織（御堂筋税理士法人グループ）は、常に実験台
③『経理の仕事がどんどん面白くなる本』（税務経理協会）
④マラソン、スポーツ観戦、お笑い番組鑑賞

菅　拓摩（すが　たくま）
①税務業務全般、財務体質改善提案、医療法人向けの税務会計、事業承継対策
②ワンストップでクライアントの抱える問題を解決できる組織づくり
③過去の講演：金融機関、生命保険会社等主催の事業承継対策、毎年の税制改正。医師会、歯科医師会主催の医療法改正の対策、認定医療法人制度の詳解、医療機関の事業承継対策など年間10〜20本ほど
④旅行、カメラ、水泳

佐藤信祐（さとう　しんすけ）
①M&A、グループ内再編、事業承継、事業再生における組織再編に係る会計・税務
②小さな規模の大きなネットワーク
③『実務詳解 組織再編・資本等取引の税務 Q&A』（共著、中央経済社）、『条文と制度趣旨から理解する合併・分割税制』（清文社）、『会社法・租税法からアプローチする非上場株式評価の実務』（日本法令）など
④乗馬、海外旅行

2020年の会計事務所の経営戦略
東京オリンピック後を生きる会計人

2019年10月1日　第1版第1刷発行

著　者	才　木　正　之
	菅　　　拓　摩
	佐　藤　信　祐
発行者	山　本　　　継
発行所	㈱中央経済社
発売元	㈱中央経済グループ パブリッシング

〒101-0051　東京都千代田区神田神保町1-31 -2
電　話 03 (3293) 3371 (編集代表)
　　　　03 (3293) 3381 (営業代表)
http://www.chuokeizai.co.jp/
製版／㈲ イー・アール・シー
印刷／三 英 印 刷 ㈱
製本／㈲ 井 上 製 本 所

©2019
Printed in Japan

頁の「欠落」や「順序違い」などがありましたらお取り替えいた
しますので発売元までご送付ください。(送料小社負担)
ISBN 978-4-502-31741-5　C3034

JCOPY 〈出版者著作権管理機構委託出版物〉本書を無断で複写複製（コピー）することは、著作権法
上の例外を除き、禁じられています。本書をコピーされる場合は事前に出版者著作権管理機構（JCOPY）
の許諾をうけてください。
　JCOPY 〈http://www.jcopy.or.jp　eメール：info@jcopy.or.jp〉

·················· **好評発売中** ··················

監査報告の変革
―欧州企業のKAM事例分析
林隆敏 編著・日本公認会計士協会近畿会
監査会計委員会編集協力／A5判・384頁

監査報告の変革について，欧州企業187社，760のKAMからより良い実務のあり方を究明する。

現場力がUPする課長の会計強化書
千代田邦夫 著／四六判・212頁

会社の第一線で奮闘するリーダーが身につけるべき最強の武器「会計」のキホンが身につく本。

通達のこころ
―法人税通達始末記
渡辺淑夫 編著／四六判・220頁

時代の要請に合わせ，内容の見直しが行われてきた法人税関係通達。現行の法人税関係通達の完成に携わった筆者による珠玉のエッセー。

この働き方改革が企業と従業員を変える
―ぜひ取り組みたくなる成功の3ヵ条
大和総研コンサルティング本部 編／A5判・252頁

企業の重要な戦略となっている人事制度改革において，従業員満足度を高めることが結果として企業価値を向上させることを本書で示す。

経理・財務担当者のための「経営資料」作成の全技術
あずさ監査法人アカウンティング・アドバイザリー・サービス事業部／A5判・496頁

経理・財務部門の資料作成スキルを徹底指南。実例をベースにした違反例と改善例を対比し，ケーススタディで解説。

こんなときどうする？引当金の会計実務〈第2版〉
EY新日本有限責任監査法人 編／A5判・432頁

会計基準がなく，実務先行で行われている引当金の概要，事例分析，会計処理，実務上のポイントを解説。第2版では収益認識基準の影響を反映。

頼られる税理士になるための贈与からはじめる相続の税務
税理士法人日本税務総研 編／A5判・232頁

遺言が多用される時代の税理士や遺言作成の助言者のための生前からの贈与，遺言，相続とを時系列で解説する1冊。

顧問税理士ならこれだけは知っておきたい相続法改正Q＆A
蓑毛誠子・坂田真吾 編著／A5判・180頁

2019年7月1日より施行された民法相続編の改正。顧問先から質問された場合に，最低限知っておきたい実務の知識をQ&Aで解説。

中央経済社

好評発売中

CFOを目指すキャリア戦略 〈最新版〉
安藤秀昭・服部邦洋・内藤裕史 著／A5判・260頁

CFOを目指す財務・経理マンを対象に，具体的な職務とキャリア開発に必要なスキルを紹介。初版刊行以降の環境変化を織り込んだ最新版。

事業承継に活かす納税猶予・免除の実務 〈第3版〉
牧口晴一・齋藤孝一 著／A5判・320頁

事業承継に関して注目を集める納税猶予・免除制度。リスクとその対策の全体像を大幅に加筆した最新版。

図解・表解小規模宅地等の特例 判定チェックポイント
渡邉定義 監修／天池健治・山野修敬 著／B5判・360頁

相続税申告で活用したい「小規模宅地等の特例」の複雑な適用条件を本書でチェック。

消費税「増税」の政治過程
岩﨑健久 著／A5判・392頁

2012年から2016年に，消費増税が政治に与えた影響，政治が消費増税に与えた影響を克明に分析。前著『消費税の政治力学』のその後を解明。

これならわかる決算書キホン50！〈2020年版〉
木村直人 著／B5判・196頁

ビジネスマンなら知っておきたい決算書のキホン50項目を見開き図解。ヤマトHDなど注目企業の決算書を分析レクチャー。

IPOを目指す会社のための資本政策＋経営計画のポイント50
佐々木義孝 著／A5判・212頁

3つの事業会社でCFOとして「資本政策」と「経営計画」の策定に携わり，IPOに導いた実務者による解説書。

最新通達・ガイドラインを踏まえた働き方改革関連法・パワハラ対応の企業実務
岩出誠 著／A5判・332頁

判例，政省令，指針，通達やQ&Aなどをもとにした働き方改革関連法の最新対応と，2019年5月末に立法化されたパワハラ防止措置義務を詳解。

人工知能を活かす経営戦略としてのテキストマイニング
大森寛文・孤田文男・杉浦政裕・大津良司 著／A5判・200頁

AIの進化と普及で高まるテキストマイニングの必要性。企業での実利用を重視した実践的なテキストマイニングの手法を提示する1冊。

中央経済社